Gerdau · ***Elbe 1***

Kurt Gerdau

Elbe 1

Feuerschiff der Stürme

KOEHLERS VERLAGSGESELLSCHAFT MBH · 4900 HERFORD

Abbildungsnachweis
Fotos: Reinhard Nerlich (3), G. Hölscher (1), Wasser- und Schiffahrsamt Cuxhaven (5), Wolf & Trischler (1), Sammlung May (1), Sammlung Jung (1), Verfasser (8).
Zeichnungen und Risse: Werft Nüske & Co, Werft Jos. L. Meyer, Bogdan Gisevius, Fridrichsen & Co., Wikinger 6/1970, Schiff und Hafen. Motoren-Werke Bremerhaven.

CIP-Titelaufnahme der Deutschen Bibliothek

Gerdau, Kurt:
Elbe 1 [eins]: Feuerschiff der Stürme / Kurt Gerdau. –
Herford: Koehler, 1988
ISBN 3-7822-0459-X

ISBN 3-7822-0459-X; Warengruppe Nr. 41

Schutzumschlaggestaltung: Erwin Wirth, Grafik-Designer, Bielefeld 15, unter Verwendung einer Aufnahme von Jochen Körner (Hamburger Abendblatt)
Layout und Produktion: Jörn Heese
Gesamtherstellung: Kunst- und Werbedruck, Bad Oeynhausen
Printed in Germany

Inhaltsverzeichnis

Vorwort

Bei Windstärke 7 holten am 22. April 1988 Schiffe der Wasser- und Schiffahrtsdirektionen Hamburg und Cuxhaven, besetzt mit ein paar Hunderten ehemaliger Feuerschiffsleute und Gäste aus dem maritimen Bereich, das letzte noch bemannte Elbe-Feuerschiff ein. Auf der äußersten Station dümpelt nun ein computergesteuertes rotes Minischiff vor Anker. Keiner ist mehr an Bord, der einem auslaufenden Schiff einen letzten Gruß zuwinkt. Mit dem Feuerschiff *Bürgermeister O'swald* ist eine über 170 Jahre lange Epoche zu Ende.

Dieses Buch ist die Chronik der Signal-, Leucht- und Feuerschiffe, die auf der Position *Elbe 1* ihren schweren Dienst versehen haben. Immer war es aber auch etwas Besonderes, auf dem »äußersten« Leuchtschiff eingesetzt zu sein. Als Ansteuerungspunkt für die mehr als 60000 Schiffe, die jährlich ihr Kielwasser in die Elbmündung zeichnen, war das Feuerschiff in ständiger Gefahr, überlaufen zu werden. 150 Kollisionen, leichte und sehr schwere, belegen das mehr als tausend Worte.

Zur Sicherung der Schiffahrt legte 1816 die Hafen- und Schiffahrts-Deputation das Signalschiff *Seestern* in der Elbmündung vor Anker. Ein paar Jahre später ging es in einem Orkan unter. Und noch einmal, 1936, das gleiche fürchterliche Bild. Eine der gefährlichen Grundseen brachte das für unsinkbar gehaltene Feuerschiff zum Kentern. Wieder überlebte kein Besatzungsmitglied die Katastrophe.

Die Zukunft des letzten Elbefeuerschiffes ist gesichert. Wie die *Norderney* – von 1936 bis 1949 auf Position *Elbe 1* –, die in Wilhelmshaven als Museumsschiff aufliegt, bleibt auch *Bürgermeister O'swald* der Nachwelt erhalten. In Cuxhaven wird das knallrote Leuchtschiff an eine lange Periode bemannter Feuerschiffe erinnern.

Kurt Gerdau

Signal-, Leucht- und Feuerschiffe auf Station Elbe 1

1816 bis 1824	Signalschiff Kuff *Seestern*
1825 bis 1826	Lotsengaliot *Bernhardus*
1826 bis 1845	Leuchtschiff *Jacob Hinrich*
1845 bis 1858	Leuchtschiff *Caspar*
1858 bis 1858	Leuchtschiff *Neptun*
1858 bis 1879	Leuchtschiff *Caspar*
1879 bis 1892	Leuchtschiff *Gustav Heinrich*
1892 bis 1912	Leuchtschiff *Bürgermeister Kirchenpauer*
1912 bis 1936	Feuerschiff *Bürgermeister O'swald*
1936 bis 1948	Feuerschiff *Norderney*
1948 bis 1988	Feuerschiff *Bürgermeister O'swald*

Das letzte Elbefeuerschiff geht in Pension

Die Männer vom Wasser- und Schiffahrtsamt Cuxhaven haben in den letzten Wochen Generalstabsarbeit geleistet und die Einholung des Feuerschiffes *Bürgermeister O'swald* von der äußersten Elbposition minutiös vorbereitet. Nur auf das Wetter reicht der Einfluß nicht, da ist auch die Wasser- und Schiffahrtsdirektion Nord überfragt.

Und so blicken einige der 140 eingeladenen Gäste, die sich am 22. April 1988 im Tonnenhafen von Cuxhaven eingefunden haben, um, auf Begleitfahrzeuge verteilt, das letzte bemannte Elbefeuerschiff in den Heimathafen zu holen, doch recht nachdenklich zum Himmel. Dunkle, tiefhängende Wolkenfelder ziehen rasch ostwärts.

Es riecht nach Starkwind!

Um 9.30 Uhr setzt sich der Korso in Bewegung, bestehend aus den Dienstfahrzeugen *Konrad Meisel* (WSA Hamburg), *Kurt Burkowitz* (WSA Cuxhaven) und *Bruno Illing* (WSA Bremerhaven). Draußen auf der Elbe kommen einige kleinere Fahrzeuge hinzu, das Boot *Uelzen* vom Bundesgrenzschutz und ein Boot der Wasserschutzpolizei. Am Ufer haben sich viele Cuxhavener und Touristen eingefunden, trotz der vormittäglichen Zeit. Auf der *Konrad Meisel* herrscht Gedränge. Geführt wird der Tonnenleger von Kapitän Peter Krüger. Er hatte das Kommando auf *Elbe 1,* als 1970 der argentinische Frachter *Rio Caracarana* das Feuerschiff *Bürgermeister O'swald* rammte. Er war nicht lange genug Feuerschiffsmann, wie er sagt, das ständige »vor Anker liegen« ging an die Nerven. Ein Schiff fahren ist einfacher, selbst in der groben See, die einigen Medienvertretern sichtbar zu schaffen macht, obwohl die *Konrad Meisel* als Führungsschiff nur mit halber Kraft fährt, um die Ehrengäste zu schonen. Gelegentlich kommt sogar die Sonne hervor und zaubert Schattenspiele auf das Wasser.

Die Fahrt führt an den ehemaligen Positionen der Feuerschiffe vorbei. Schon nach dem Zweiten Weltkrieg lagen von ursprünglich fünf nur noch drei Feuerschiffe in der Elbmündung.

Immer mehr Tonnen und Baken übernahmen die Funktionen der bemannten Schiffe. Komplizierte Elektronik, weitreichende, zuverlässige Lichtquellen bedeuteten das Ende für die personalintensiven Feuerschiffe.

1974 traf es *Elbe 2.* Das damals 70 Jahre alte Schiff wurde von einem Frachter gerammt. Alle drei Masten gingen über Bord. Fast wäre das Feuerschiff gekentert, es riß sich jedoch von der Ankerkette los und trieb auf den gefährlichen Vogelsand zu. Kurz vor der Strandung konnte ein Schlepper den Havaristen aufpieken. Er wurde nicht wieder ausgelegt. Aus dem ewigen Ankerlieger ist inzwischen die Luxusyacht *Atlantis* geworden, ein Segelschiff, das Aufsehen erregt.

Ende 1977 schlug die Stunde für Feuerschiff *Elbe 3.* Der Leuchtturm »Großer Vogelsand« – ein elektronisches Supergebilde für rund 15 Mio DM – übernahm die Aufgabe des Schiffes. Das 1888 gebaute Fahrzeug ist heute Star im Museumshafen Oevelgönne.

Während ein gutes Dutzend hungriger Möwen das Kielwasser erfolgreich absucht, serviert in der Messe der

Koch beste Erbsensuppe mit Speck. Manch einem schmeckt sie »runter« besser als »rauf«. Das schafft Platz in der Messe, und die Möwen lachen.

An Steuerbord das Wrack des 1961 gestrandeten englischen Frachters *Ondo*. Es erinnert an die zahlreichen Katastrophen in der Elbmündung, an den Untergang des sowjetischen Frachters *Njandorma* auf Scharhörn-Riff oder an das Ende der italienischen *Fides* auf dem Großen Vogelsand. Und schließlich sind da noch die beiden Feuerschiffskatastrophen: 1824 ging das erste Signalschiff auf Position *Elbe 1* im Orkan verloren. Keiner auf der *Seestern* überlebte den Untergang, und so war es auch 1936, als die erste *Bürgermeister O'swald* von einer Grundsee umgeworfen wurde und unterging. So hoch geht die See heute nicht, aber die *Konrad Meisel* steckt gelegentlich tief die Nase weg. Hellrot im Sonnenlicht vor uns das abholbereite letzte bemannte Elbefeuerschiff, stark gezeichnet vom Salz des Meeres. An Deck des Wächters im Strom ist kein Mann zu sehen, der uns zuwinkt, auch nicht, als wir in unmittelbarer Nähe sind. Etwas vom Feuerschiff entfernt, schwojt das gestern ausgelegte unbemannte Computerschiff, vollgestopft mit Elektronik. Es kann so gut wie alles, außer auslaufenden Schiffen nachwinken. Der Präsident der Wasser- und Schiffahrtsdirektion Nord, Dipl.-Ing. Georg-Wilhelm Keil, nimmt offiziell das neue schwimmende Seezeichen in Betrieb.

Vorgesehen ist das Übersteigen der Medienvertreter von dem Tonnenleger auf die *Bürgermeister O'swald*. Doch bei dem Seegang weigert sich Kapitän Krüger, längsseits des Feuerschiffes zu gehen. So erfolgt der Austausch erst auf der geschützten Neuwerk-Reede. An Bord von *Bürgermeister O'swald* sind außer der Stammbesatzung auch Männer der Freiwache und ehemalige Besatzungsmitglieder. Helmut Ehmke, von 1955 bis 1985 als Matrose und Bootsmann auf der *Bürgermeister O'swald*, erinnert sich an manche einsame, harte Stunde. Und schlechtes Wetter ist in dieser Ecke des Meeres keine Seltenheit, wenn der Sturm tobte, sich das Feuerschiff quer zu den Wellen legte und sich stundenlang von 40 Grad Steuerbord nach 40 Grad Backbord und zurück neigte, wenn nichts mehr auf der Back stehen blieb und die Wellen sich ächzend über die Decks ergossen, Rettungsinseln mitnahmen. Alle Schotten waren dann geschlossen, das Feuerschiff einem Unterseeboot ähnlich, das nur nicht tauchen konnte.

Und noch schlimmer – der Nebel! Dann blies das mächtige Nebelhorn sein Erkennungszeichen E L. Höllisch laut war das Gebrüll, an Schlaf nicht zu denken. Zu groß auch die Gefahr, von einem fremden Schiff überlaufen zu werden. »Wir lagen doch alle in solchen Stunden mit einem unruhigen Hintern in den Kojen«, sagt der ehemalige Bootsmann. Als er 1955 anfing, mußte er noch tüchtig Morsen lernen. Freiwillig ist er abends auf Wache gezogen, um Erfahrungen zu sammeln. »Die ersten vier Buchstaben waren wichtig, den Rest des Namens konnten wir in unseren Akten nachlesen. Wir gaben diesen Namen dann weiter an den Schiffsmeldedienst Cuxhaven.«

Und die Freizeit? Von der Kameradschaft schwärmt Helmut Ehmke. »Als es noch keine Fernsehgeräte an Bord gab, saßen wir abends oft zusammen und haben gesungen und gespielt. Das Fernsehen hat manches verändert. Natürlich wurde weiterhin auch gebastelt, ganze Wohnzimmerschränke sind hier in der Zimmermannswerkstatt entstanden. Tischtennis konnte unter der Back gespielt werden. Bis Windstärke sieben ging das ganz gut, dann wurde es kritisch, da kamen dann die Artisten an die Reihe.«

Als Ehmke 1955 an Bord »anmusterte«, bestand die Besatzung aus 17 Mann, als er nach 30 Jahren verabschiedet wurde, nur noch aus 12 Mann. Damals waren sie 14 Tage auf dem Schiff und acht Tage zu Hause. 1969 wurde das geändert, die Freizeit auf 14 Tage ausgedehnt. Urlaub zusätzlich aber gab es nicht. Es wurde immer gut gegessen, wie das auf Schiffen so üblich ist, wenn ein guter Koch in der Kombüse werkt. 5,60 DM pro Mann und Tag zahlte Väterchen Staat, wenn das nicht langte, wurden die zusätzlichen Kosten umverteilt.

Der Konvoi nähert sich Cuxhaven. Vielleicht ist es die letzte Reise überhaupt, die *Bürgermeister O'swald* unternimmt. Vorsorglich soll sie einsatzbereit im Tonnenhafen liegen bleiben, denn so ganz trauen die Verantwortlichen im Wasser- und Schiffahrtsamt dem Computerschiffchen in der Elbmündung nun doch nicht. Die alten Feuerschiffshasen an der Back sind von der Elektronik beeindruckt. Sie wissen eines aber ganz genau: Auf dem unbemannten Schiff sitzt kein Ausguck mehr, der vom Kurs abgekommenen Schiffen »heimleuchtet«, sie anruft oder anmorst. Und da sind noch die Einsätze der Männer vom Feuerschiff *Elbe 1*, wenn es galt, anderen in Gefahr befindlichen Seeleuten zu helfen. Mehr als einmal sind sie im Boot zu sinkenden Fischkuttern gerudert, später motort, und haben Schiffbrüchige geborgen. Das fällt nun fort, aber davon spricht keiner, als nach dem Festmachen des Feuerschiffes im Tonnenhafen die offizielle Verabschiedung eingeleitet wird.

Am Anlegeplatz ist alles für eine Veranstaltung vorbereitet. Ein Shanty-Chor singt Seemannsweisen, und danach würdigen Karl Otto Zacher, Leiter des Wasser- und Schiffahrtsamtes Cuxhaven, Albrecht Harten, der Oberbürgermeister der Stadt, und die stellvertretende Landrätin Langenhagen den einschneidenden schifffahrtsgeschichtlichen Schritt in Ansprachen.

Allgemein begrüßt wird, daß die Stadt Cuxhaven das Feuerschiff zum Schrottpreis erwerben und als technisches Denkmal und Museumsschiff der Nachwelt erhalten will.

Endgültiger Schlußpunkt der Dienstzeit der *Bürgermeister O'swald* ist das Niederholen und die Übergabe der Flagge durch Kapitän Klaus Herrmann Doose an Karl Otto Zacher.

Die Zeit der bemannten Elbefeuerschiffe gehört der Vergangenheit an. Es ist Zeit, darüber nachzudenken, wie das alles begann und wie es sich in mehr als 170 Jahren entwickelte.

Die Vorgänger auf Station Elbe 1

Signalschiff Seestern

Baujahr: ca. 1805
Bauort: unbekannt
Baumaterial: Holz
Bauart: Kuff
Größe: 45 Lasten
Höhe des Feuers über dem Wasserspiegel: etwa 6 m
Länge über alles: 78 ft
Breite: 15 ft
Seitenhöhe: 9 ft
Sichtweite: 2 sm bei Indienststellung
Auf Position von *Elbe 1*: von Mai 1816
bis Dezember 1824

Schiffsbeschreibung:
Die friesische Kuff *Seestern* hatte einen hohen Mittelmast und je einen kleineren Vorder- und Achtermast. Sie war flachbodig, um eine Stromversetzung durch zu große Tauchtiefe zu vermeiden.
Gegen Eisgang und Wurmfraß war das Signalschiff durch eine Bekleidung geschützt.
Verankerung:
Das Signalschiff lag hinter einem Pilzanker von 2,5 t Gewicht mit einer 30 Klafter langen Kette, die von einer großen Seetonne getragen wurde und an der das Schiff mit einem 150 Klafter langen Ankertau die Seen abreiten konnte.
Leuchtfeueranlage:
Ein von Repsold, Hamburg, gebauter Leuchtapparat, in Anlehnung an den von Stevensen (1807) entwickelten.

Er bestand aus einem metallenen Polygonrahmen, in dem sich hinter neun Spiegelscheiben in kardanischer Aufhängung neun kreisrund um den Mast angeordnete Lampen befanden.

In den aus Messing gefertigten Lampen brannten anfangs zwei, später drei Flammen. Um eine Verwechslung mit anderen Feuern zu vermeiden, wurde zunächst auf Reflektoren verzichtet. Diese Lichtquelle erwies sich bald als zu schwach, so daß Repsold später zusätzliche parabolische Reflektoren anbrachte.

Verschiedene Mängel – Nachlassen der Lichtstärke in der zweiten Nachthälfte, besonders bei Windstille, nicht ausreichender Schutz gegen Sturzseen und Verrußen der Gläser – wurden im Laufe der Zeit abgestellt.

Kennung: Festes Feuer

Tagzeichen: Eine rote Flagge am Hauptmast

Besatzung: 8 Mann

Artillerie: 2 eiserne 3-Pfund-Kanonen und 1 Gewehr mit 3 Pfund Kugeln und 100 Pfund Pulver

Das Signalschiff wurde zunächst als Lotsenstation eingesetzt. 7 bis 8 Lotsen, die jüngsten der Bruderschaft, wurden an Bord stationiert, um einkommende Schiffe bis zur Flügeltonne zu bringen, bei der gewöhnlich die Lotsengaliote kreuzte.

Diese Einrichtung wurde bald aufgegeben. Dagegen mußten in den Wintermonaten stets 2 Lotsen an Bord der *Seestern* sein, um den Kapitän zu unterstützen, wenn das Signalschiff vertrieben werden sollte. Der Dienst war bei den Lotsen unbeliebt, denn sie mußten wie Matrosen arbeiten.

Schicksal:

In einer Sturmnacht am 26. Dezember 1824 ging die *Seestern* auf Station *Elbe 1* mit der gesamten Besatzung unter.

Im Frühjahr 1925 wurde versucht, die *Seestern* zu bergen. Sie lag auf der Seite, und das Schiff war schon stark versandet. Die Bergung wurde eingestellt.

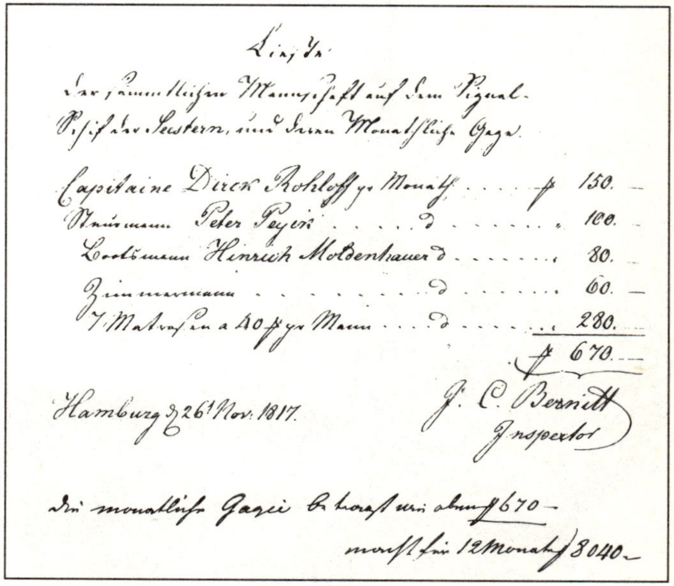

Capitaine Dirck Rohloff ... 150.–
Peter ... 100.–
Hinrich Moldenhauer ... 80.–
... 60.–
7 Matrosen ... 280.–
670.–
Hamburg d 26t Nov. 1817.
J. C. Bernitt
Inspector
... 670 –
... 12 Monath 8040 –

Monatliche Gagenabrechnung des Inspektors Bernitt für die Mannschaft des Signalschiffes Seestern. *Feste Jahreskosten für die Mannschaft: 8040 Ct. Mark.*

Wegweiser auf dem Meer

An flachen Meeresküsten und in Strommündungen, bisweilen weit draußen auf tiefem Wasser, an Stellen also, an denen nächtliche Wegweiser für die Schiffahrt notwendig sind, Leuchttürme nicht oder nur unter erschwerten Bedingungen erbaut werden können, finden Feuerschiffe ihr Zuhause.

Das erste »Leuchtschiff« überhaupt. Es wurde 1731 in der Themse-Mündung ausgelegt.

Der Gedanke, an solchen neuralgischen Punkten Signalschiffe zu verankern, wurde 1674 öffentlich diskutiert und verworfen. Zu abenteuerlich erschien die Idee. Erst 50 Jahre später, 1731, war es soweit: In der Themsemündung wurde das erste echte Leuchtschiff stationiert. Es dauerte weitere einhundert Jahre, bis schwimmende Leuchttürme auch an unseren Küsten Verwendung fanden. Das hatte politische, aber auch wirtschaftliche Gründe.

Die verhältnismäßig langsam segelnden Schiffe pflegten sich bei ihrer Abhängigkeit von Wind und Strömung nicht den Gefahren auszusetzen, die die nächtliche Ansteuerung einer Mündung oder die Fahrt auf der schmalen Elbe boten. Sie blieben vielmehr draußen auf See oder gingen bei Anbruch der Dunkelheit vor Anker. Nur wenn auflandige Stürme sie in Gefahr brachten, auf den Sänden zu stranden, versuchten kühne Kapitäne, in die Elbmündung einzulaufen. Um ihnen bei der Navigation zu helfen und andere vor zu großer Annäherung an die im Elbmündungsbereich liegenden Untiefen zu warnen, unterhielt Hamburg seit 1644 auf der Insel Neuwerk, jedenfalls in den Wintermonaten, auf der hölzernen Turmplattform ein frei brennendes Kohlenfeuer. Zu dieser Blüse gesellte die Stadt um 1677 auf der Insel Helgoland einen zweiten massiven Feuerturm. Vom Jahre 1761 an zeigten beide Stationen in jeder Nacht ihre Feuer und bildeten zunächst die einzigen nächtlichen Wegweiser für die hamburgische Schiffahrt. Und die blühte auf. Die Zahl der in Hamburg ankommenden Schiffe war von 1504 im Jahre 1781 auf 2177 im Jahre

1801 gestiegen. Ähnlich günstig verlief auch der Aufschwung der eigenen Reedereien. Der Ausbruch des Krieges 1793 zwischen Frankreich und England änderte daran nichts, im Gegenteil, er begünstigte zunächst das sich neutral verhaltende Hamburg.

Als die Franzosen aber die Stadt besetzten, erklärte England die Blockade über die Elbe. Volle zehn Jahre ruhte die Schiffahrt. Die Anlagen auf dem Strom und im Hafen verfielen.

Am 31. Mai 1814 um 5.00 Uhr verließen die letzten französischen Soldaten die Hansestadt. Acht Tage später beendeten die Engländer die Blockade. Erleichtert atmeten die Kaufleute auf. Nur langsam erholte sich die Wirtschaft. Im September erfolgte die Gründung der »Schiffahrt- und Hafen-Deputation«, welche die Nachfolge der in den Kriegswirren aufgelösten »Hamburger Admiralität« antrat. Im gleichen Jahr erschien als Vorbote einer neuen Zeit das erste Dampfschiff, die englische *The Lady of the Lake* auf der Elbe.

Um die Schiffahrt auf der Elbe zu sichern und den neuen Verkehrsträgern, den Dampfern, den Weg zu ebnen, mußte in Hamburg schnell gehandelt werden. Noch im gleichen Jahr wurde auf Neuwerk das neue Lampenfeuer in Betrieb genommen mit folgender Ankündigung:

»Auf Befehl Eines Hochedlen und Hochweisen Raths der freyen Hanse-Stadt Hamburg und unter specieller Leitung Einer löblichen Schiffahrts- und Hafen-Deputation ist auf dem großen Thurm der Insel Neuwerk eine Laterne mit Lampen und Reverberen (Parabolspiegeln) erbauet worden, um als Feuer oder Nachtsignal für die Schiffahrt zu dienen. Das Feuer ist circa 120 Fuß über die Oberfläche des Wassers bey hohem Wasser erhaben und wird nächstkommenden 20sten December zuerst angezündet werden.«

1815 wurde das erste deutsche »Leuchtschiff« vor der Mündung der Eider ausgelegt.

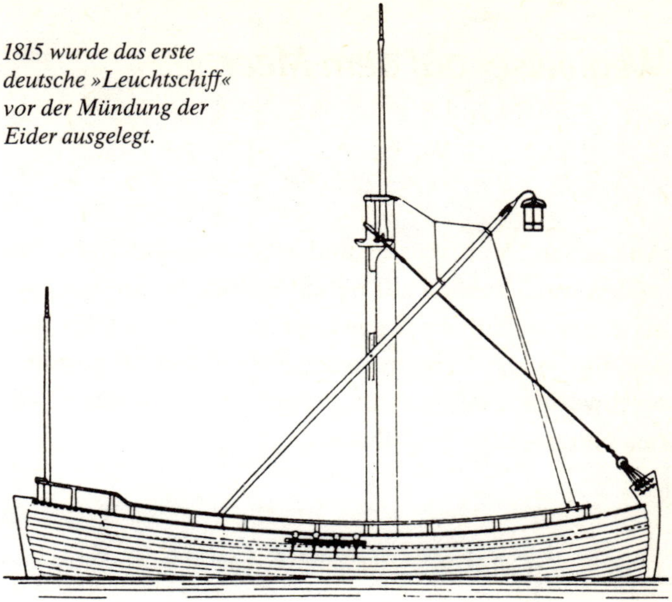

Nachts einlaufende Schiffe hatten es jetzt etwas leichter, was aber fehlte, war ein Signalschiff weit draußen in der Elbmündung. Auf Anraten eines Cuxhavener Seelotsen, so will es die Sage, beschloß Hamburg im Jahre 1816, die Kuff *Seestern* dort auf Station zu legen. Die Einseglung bei Nacht galt weiterhin als Wagnis, vor dem die »Schiffahrt- und Hafen-Deputation« noch 1826 in ihrer »Beschreibung des Fahrwassers, der Seemarken, Baaken, Tonnen und Lotsenanstalten in den Mündungen der Elbe und Weser« warnte.

Die *Seestern* gab es nicht mehr. Sie war am 26. Dezember 1824 im Sturm gesunken. Auf der Position von *Elbe 1* lag nun das Signalschiff *Jacob Hinrich,* eben in Dienst gestellt. Hamburg entschloß sich, weitere Leuchtschiffe in der Elbmündung zu postieren. 1827 wurde *Elbe 2* ausgelegt, 1854 folgte *Elbe 3,* und 1875 kam ein viertes Feuerschiff hinzu. 1905 wurde mit *Elbe 5* das letzte Glied in der Feuerschiffskette geschlossen.

Plan

zur Sicherung der Schiffahrt in der Mündung der Elbe von Herrn Geo. Wake.

(Aus dem Englischen)

1. Ein Leuchtschiff (floating-light) soll bey der rothen Tonne an der Einfahrt der Elbe gelegt werden.

2. Das Schiff muss ungefähr 50 Last groß, stark und gut gebauet, gut ausgerüstet seyn, um Winter und Sommer vor zwey Ankern zu liegen; auch 4 Anker mit Kabeln am Bord haben, für einkommende Schiffe, die etwa darum verlegen sind.

3. Das Schiff muss 8 Mann haben

1 Capitain zu 120 Mk monatlich	. . .	120 Mk
1 Steuermann 60 " "	. . .	60 "
6 Matrosen à 40 " "	. . .	240 "
Lebensmittel für 8 Mann à 1 ß per Tag	. .	240 "
Besondere kleine Nebenkosten monatlich	.	100 "
	monatlich Court Mk	760

4. Dies Schiff wird 3 Lichter in Form eines Dreyecks haben, um Verwechslung des Leuchtschiffs mit den beyden Leuchtthürmen auf Neuwerk vorzubeugen, welche letztere die einsegelnden Schiffe dem Leuchtschiffe zuführen.

5. Das Schiff ist zu versehen mit einem leichten Mast, guten Steuersegeln, 2 oder 3 Böten, wovon eins für die Lootsen, um vor ein Schiff aufzusegeln, wenn die See zu hoch geht, um den Lootsen an Bord zu

(v. wenden.)

1815 reicht der Hamburger Kaufmann Georg Wake einen Plan ein zur Sicherung der Schiffahrt in der Elbmündung durch ein Feuerschiff.

Ein »floating light« für die Elbmündung

1793: Lotseninspektor Lange aus Cuxhaven schlägt vor, bei der roten Tonne in der Elbmündung ein Signalschiff mit 2 Leuchten vor Anker zu legen, nach englischem Vorbild.

1815: Januar: Georg Wake unterbreitet dem Senat der Stadt Hamburg einen Plan zur Sicherung der Schiffahrt in der Mündung der Elbe durch ein floating light, das bei der roten Tonne in der Einfahrt zur Elbe gelegt werden soll. Seine Erläuterungen müssen aus dem Englischen übersetzt werden. Er schreibt: »Das Schiff muß ungefähr 50 Last groß, stark und gut gebaut und gut ausgerüstet sein, um Winter und Sommer vor Anker zu liegen.« Es folgen Anmerkungen des Kaufmannes über die Stärke der Besatzung, die Bezahlung, das Leuchtfeuer, die Unterbringung der Lotsen an Bord und schließlich auch, wie das System finanziert werden soll. Wake geht davon aus, daß eine kleine Auflage von den Schiffen erhoben werden soll oder eine Erhöhung der Lotsengelder. Die Idee stößt nicht nur auf Zustimmung, denn natürlich kostet ein Signalschiff Geld, aber die Verantwortlichen sind sich einig, daß für die zunehmende Schiffahrt die Sicherheitseinrichtungen ausgebaut werden müssen. Verständlicherweise hat Wake die Kosten für den Unterhalt des Schiffes und der Mannschaft zu niedrig angesetzt, wahrscheinlich wußte er aus Erfahrung, daß hohe Summen abschreckend wirken.

28. Oktober: Der Präses bewilligt auf Rechnung der Schiffahrt- und Hafen-Deputation für den Ankauf des Kuff-Schiffes *Seestern* 7300 Mark Banco an den Schiffsmakler Heinrich Wilhelm Wübbe, Vorsetzen 143.

30. Oktober: Eine Ausschreibung soll klären, welche Werft den Auftrag erhält, aus der Kuff ein Leuchtschiff zu machen.

1815: 28. November: Gräpel an Abendroth: »Werde Repsold bitten, zu mir zu kommen, und fragen, ob es möglich ist, die Leuchte auf dem floating light noch einige Fuß höher am Mast anzubringen. Wundert mich, daß sich schon 2 Matrosen für das Schiff gemeldet haben.«

30. November: Abendroth an Gräpel: »Die Zeichnung der Lampen sende ich Ihnen hierbei zurück. Daß der Kram nicht bei einem Sturm zusammenbricht, dafür muß Repsold sorgen. Wie soll das Auslöschen der Lampen bei Sturm und das Schwarzwerden der Reflektoren beim Schaukeln vermieden werden? Das ganze Dings wird uns noch viel Kopfzerbrechen machen. Hier ist ein ehemaliger Schiffskapitän Peycke vorstellig geworden. Er wünscht Steuermann auf dem floating light zu werden. Das Fahrwasser kennt er gut.«

5. Dezember: Gräpel an Abendroth: »Wenn dortiger Kapitän Peycke Steuermann zu werden wünscht, habe ich nichts dagegen, wiewohl man sich hier nicht zu retten weiß von Leuten, die kein Brot haben und Dienste suchen.«

7. Dezember: Abendroth an Gräpel: »Die Ketten und Anker sollen nach Hamburg gebracht werden. Abendroth hält die Laterne auf dem floating light nur für ausführbar, wenn keine Reflektoren genommen werden. Er bedauert, daß erst Versuche gemacht werden müssen.«

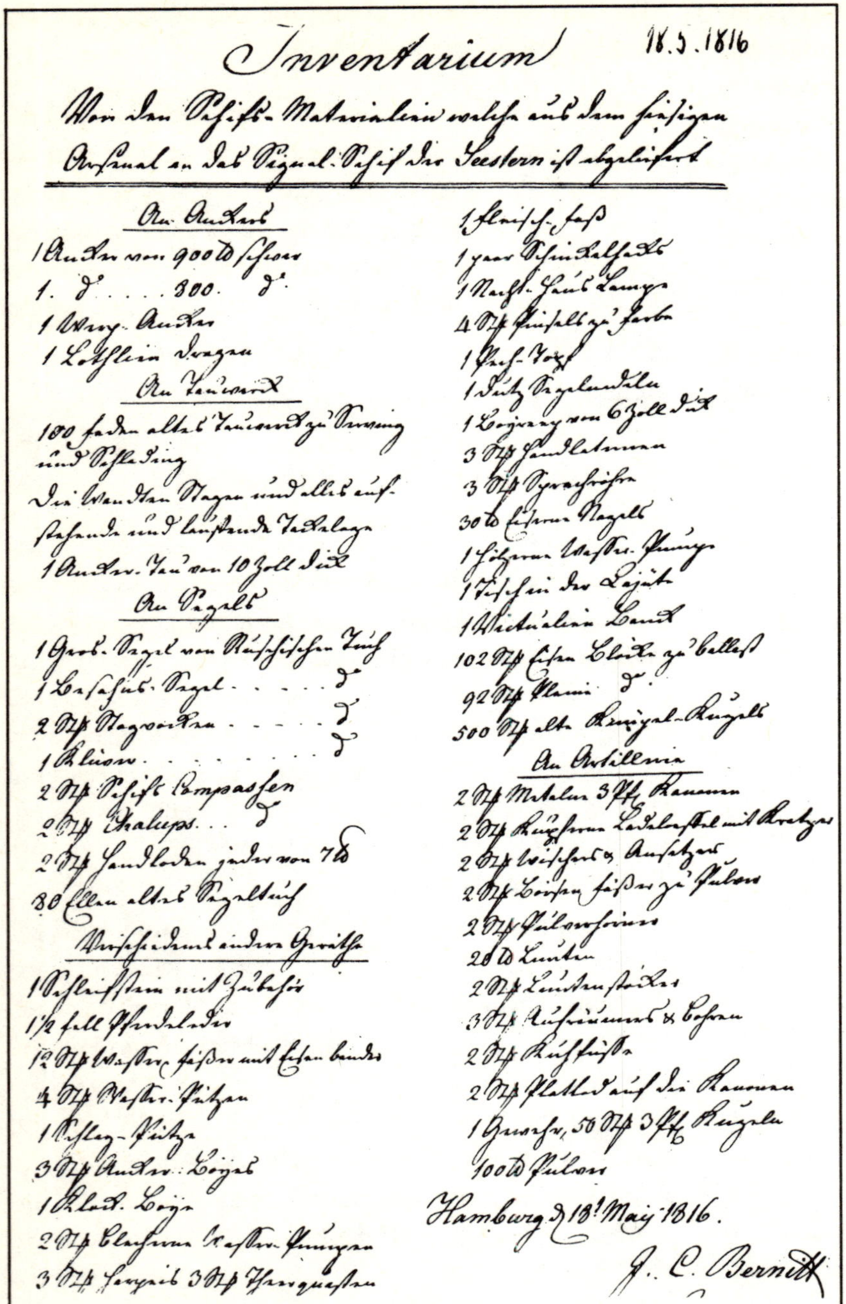

Inventarium 18.5.1816

Von den Schiffs-Materialien welche aus dem hiesigen Arsenal an das Signal-Schiff der Seestern ist abgeliefert

An Ankers

1 Anker von 900 ℔ schwer

1. d° .... 300 d°

1 Warp-Anker

An Tauwerk

An Segels

Verschiedene andere Geräthe

An Artillerie

2 St. Metallen 3 ℔ Kanonen

1 Gewehr, 50 St. 3 ℔ Kugeln

100 ℔ Pulver

Hamburg d. 18t Maij 1816.

J. C. Bernitt

Aus dem Inventarverzeichnis der Seestern *geht hervor, daß das Signalschiff an Artillerie 2 eiserne 3-Pfund-Kanonen an Bord hatte und ein Gewehr mit 50 Kugeln und 100 Pfund Pulver.*

1816: 27. Mai: (Protokollauszug) Gräpel antwortet auf verschiedene Fragen. Es geht u. a. um den Kapitän und das von ihm angekaufte Signalschiff *Seestern*. Er glaubt, daß Kapt. Rohloff für das floating light der richtige Mann ist, und erzählt, daß Kapitän Rohloff eines Morgens zu ihm kam und ihn bat, wenn er schon nicht Kapitän werden könne, ihn wenigstens als Matrose anzunehmen, denn seine Frau und seine vier Kinder hätten kein Brot: »Daß Ihnen das Schiff gefällt, ist mir sehr angenehm. Es würde mir nicht lieb sein, wenn es in der Mitte zu niedrig wäre. Darauf hätten mich die Sachkundigen aufmerksam machen müssen. Wo würde ich aber ein so starkes Schiff zu 7500 Courant Mark gefunden haben? Ich gebe gerne zu, daß Kupfer und Eisen sich nicht zusammen verträgt, kann aber nicht begreifen, warum man es in England auf diese Art verfertigt. Es sind noch vier Kojenbetten nötig. Es wird freilich Mühe kosten, den schweren Anker zu Grund zu bringen.«

Mai: Das Signalschiff nimmt im Mündungsgebiet der Elbe die festgelegte Position ein.

1817: 14. März: Aus einem Brief von Abendroth an die Deputation: »Es stürmt immer noch kräftig, und die *Seestern* liegt in Cuxhaven und nicht draußen. Es ist nicht genug zu beklagen, daß das Schiff seine Station hat verlassen müssen und nicht hat ersetzt werden können, da die dunklen Nächte so lang sind und die ewigen Stürme brausen.«

19. März: Endlich liegt das Signalschiff in der Elbmündung und verrichtet seinen Dienst, wenn auch nicht vor dem Stationsanker, denn die doppelte Boje, an der das Ankertau befestigt ist, kann nicht gefunden werden.

17. Mai: Kapitän Rohloff stellt den Antrag, ihm für eine Uniform 300 Schillinge zu gewähren. Nach längerer Diskussion willigt die Deputation ein.

Seestern *verläßt die Station*

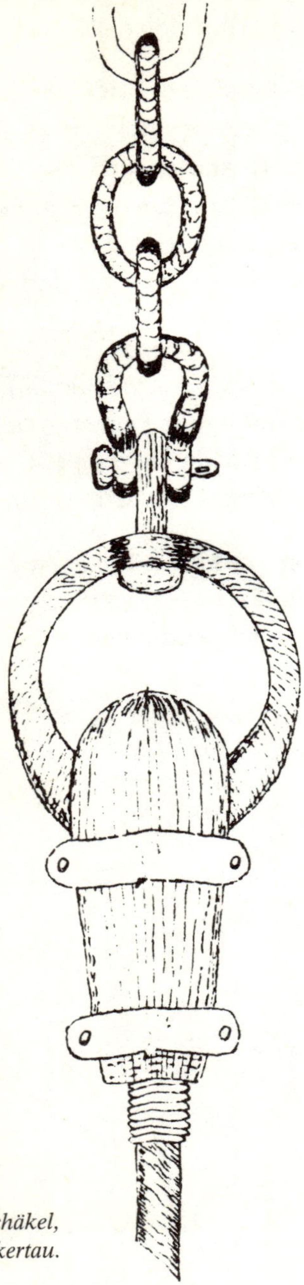

Ankerkette der Seestern *mit Schäkel, Wirbel und Ankertau.*

1817: November: Zu einer amtlichen Untersuchung kommt es, als das Signalschiff *Seestern* unter Führung von Steuermann Peter Peycke Cuxhaven anläuft. Der zuständige Senator schreibt an das Amt in Ritzebüttel: »Die Sache mit dem Leuchtschiff will mir gar nicht gefallen. Ich erwarte mit Ihrer Güte eine weitere Aufklärung, warum der Kapitän genötigt worden ist, das Ankertau zu kappen. Es ist dieser Vorfall nun so schlimm, da jetzt täglich viele Schiffe ankommen und der Nutzen des Leuchtschiffes bei den jetzigen langen Nächten so groß ist.«

Die gesamte Besatzung des Signalschiffes wird zum Rapport bestellt und jeder einzeln verhört. Die Männer wissen, daß es um den Steuermann, aber auch um ihren eigenen Arbeitsplatz geht. Peter Peycke, 44 Jahre alt, gibt folgende Darstellung zu Protokoll:

Um sieben Uhr an diesem Morgen habe das Schiff noch völlig gut auf der Station gelegen. Es sei sehr gutes Wetter gewesen. Damit das Schiff desto besser habe reiten können, habe er, da die Flut um 9 Uhr eingetreten sei und der Himmel etwas stürmisch ausgesehen habe, noch ca. 36 Faden Kette ausgestellt.

Am gestrigen Nachmittage habe er, um zu sehen, ob das Ankertau auch Schaden habe, dasselbe bis auf zwanzig Faden eingewunden; weiter habe er es nicht einwinden können, weil sonst das Schiff würde Schaden erlitten haben und auf die große Tonne gestoßen wäre. Er habe keine bedenkliche Stelle in dem Tau bemerkt. Als diesen Morgen um 9 Uhr die Flut eingetreten sei, sei das Tau gebrochen und das Schiff quer zur See geschlagen.

Er habe das Focksegel aufgestellt, um das Schiff vor den Wind zu bringen, es habe ihm aber nicht gelingen wollen, und so habe er sich genötigt gesehen, Segel zu setzen und das Tau zu kappen, um nicht auf Vogelsand zu geraten. Er sei mit fünf Faden über den Steert von Vogelsand gesegelt, nun erst sei es ihm möglich gewesen, bei der weißen Tonne Nr. 5 in das Fahrwasser zu gelangen. Er habe, sich auf die Wissenschaft aller Seeleute berufend, seine Station mit seinen ordinären Ankern und Tauen nicht halten können und glaube, da er für Zufälle nicht verantwortlich gemacht werden könne, seine Schuldigkeit durchaus getan zu haben.

Dem Steuermann wird aufgegeben, sofern es Wind und Wetter erlauben, die Station wieder einzunehmen.

5. Dezember: Die *Seestern* liegt immer noch in Cuxhaven. Abendroth: »Je mehr ich über die Sache nachdenke, desto unverantwortlicher ist von allen Seiten gehandelt worden. Es muß ein Exempel statuiert werden. Der Steuermann ist ein braver, verständiger Mann. Ihn gleich cassieren möchte ich nicht gern, aber ihn in eine Geldstrafe zu nehmen, werde ich propagieren.«

1818: 18. Januar: Erneut hat die *Seestern* ihre Station verlassen. Es kommt zu heftigen Diskussionen in der Deputation und zu Forderungen, das Signalschiff ganz einzuziehen.

26. März: Infolge Eisgangs auf der Unterelbe muß die *Seestern* Helgoland anlaufen.

9. Oktober: (Protokollauszug) Entschieden wird, daß die durch den Tod des Kapitäns Rohloff freigewordene Kapitänsstelle vorläufig unbesetzt bleibt. Einstweilen soll Steuermann Peycke das Kommando übernehmen. Eingestellt wird Bernitt als 2. Steuermann. Beiden Steuerleuten und dem Teil der Besatzung, die der Amtmann für nötig hält, wird zur Pflicht gemacht, den ganzen Winter ununterbrochen an Bord des Leuchtschiffes zu blei-

Das Heißen der Lampen auf dem Leuchtschiff war keine leichte Arbeit, wie die Zeichnung verdeutlicht. (Lindner)

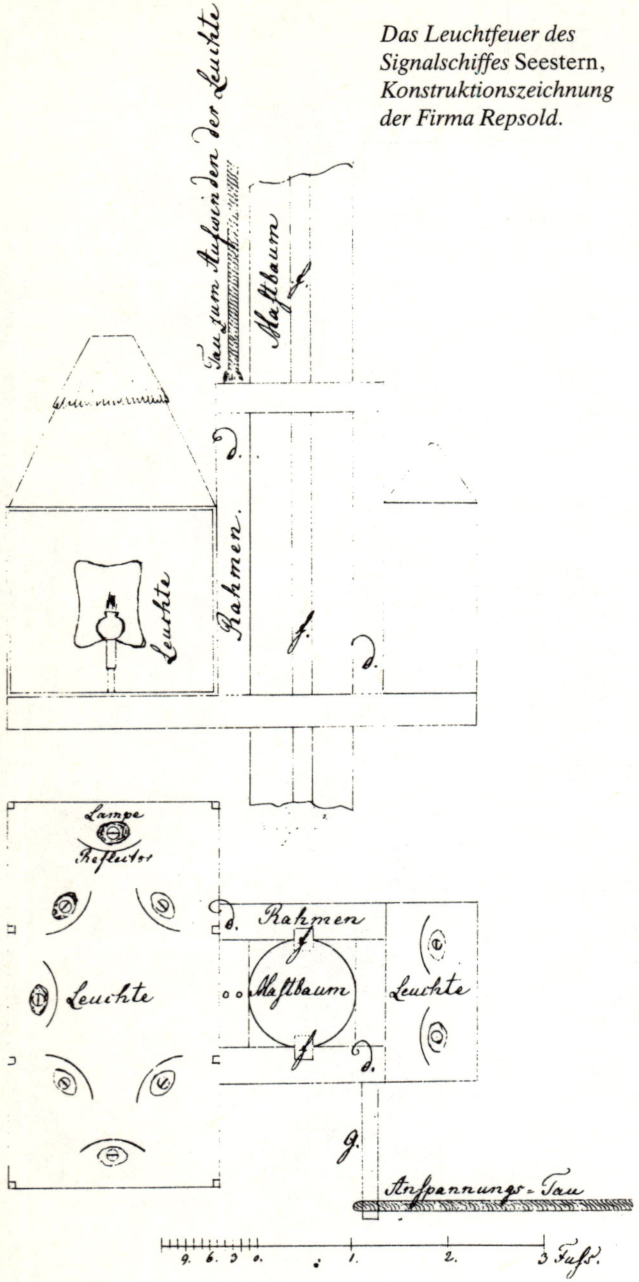

Das Leuchtfeuer des Signalschiffes Seestern, *Konstruktionszeichnung der Firma Repsold.*

ben: »Der Besatzung des Leuchtschiffes bei Strafe die genaueste Erfüllung ihrer Pflichten anzuempfehlen, ihr eine Gratifikation zu versprechen, wenn dieselbe während des Winters die Station nicht anders als durch Eisgang gezwungen, verläßt.«

1819: 17. August: Steuermann Peter Peycke wird zum Kapitän der *Seestern* ernannt. Bootsmann Schwartau wird 2. Steuermann und erhält nun 75 Ct.Mark statt bisher 60 Ct.Mark.

November: Die Lampen der *Seestern* werden mit Reflektoren versehen, dadurch erhöht sich die Tragweite.

1821: 26. März: Die Schiffahrt- und Hafen-Deputation entscheidet, daß an Bord des Signalschiffes am Tag eine rote Flagge gesetzt wird.

1822: 21. Februar: Erneut ist das Ankertau gebrochen, und das Signalschiff muß die Station verlassen.

23. September: Nach dem Bericht des Herrn Repsold ist zu veranlassen, daß statt der blechernen Laternen kupferne Laternen für das Leuchtschiff anzufertigen sind zum Preis von 350 Ct.Mark.

1823: 10. März: Infolge Eisgangs ist die *Seestern* gezwungen, die Station zu verlassen. Das Schiff segelt nach Helgoland und bleibt dort ein paar Tage, bis sich die Lage in der Elbmündung gebessert hat.

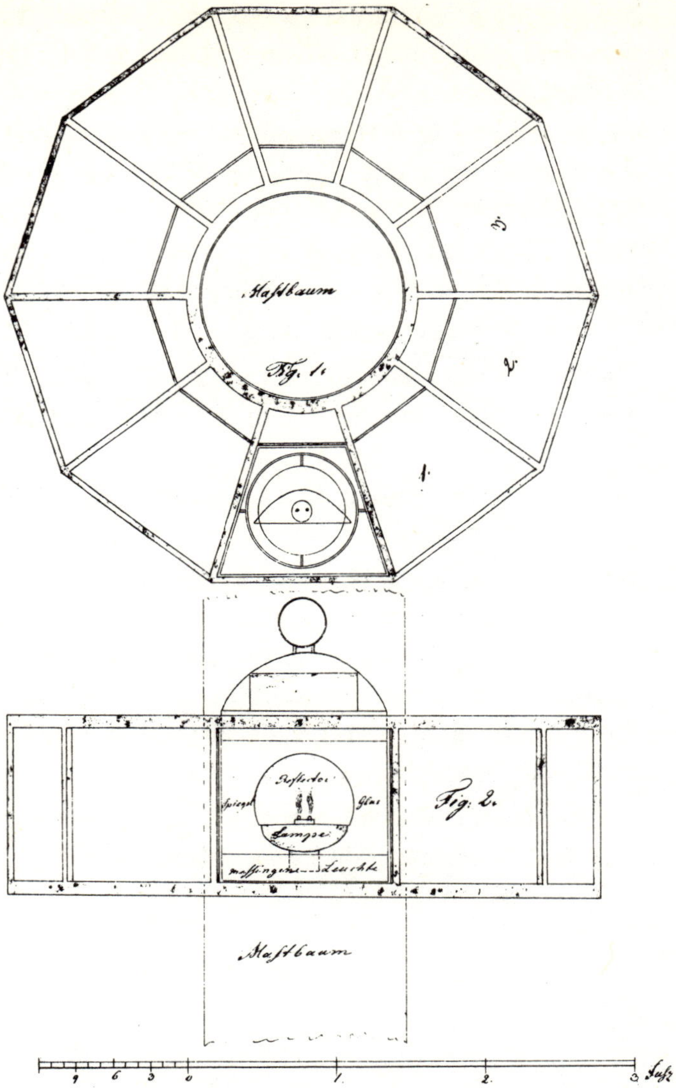

Eine weitere Zeichnung verdeutlicht die Anbringung der Lampen am Mastbaum.

Der Untergang der Seestern im Orkan

1824: 26. Dezember: Seit Tagen heult und faucht ein fürchterlicher Sturm über die Nordsee, und die aufgewühlte rauhe See beutelt das an seinem Ankertau liegende Signalschiff schwer. Bei dieser groben See kommt keiner an Bord zur Ruhe, weder die Männer der Besatzung noch die beiden Lotsen. Sie sollen eigentlich dem Steuermann Johann Bernitt helfen, wenn Not am Mann ist. Der Kapitän der *Seestern* befindet sich an Land bei seiner Familie, denn schließlich ist Weihnachten.

Steuermann Bernitt möchte mit ihm tauschen, aber so sind nun einmal die Verhältnisse. Die Männer sind nicht gerne draußen bei diesem Hundewetter. Angst haben sie nicht, aber Respekt und ein bißchen Furcht vor der See. Doch die hohen Herren in Hamburg lieben es nicht, wenn das Signalschiff die Station verläßt. Endlose Protokolle müssen jedesmal angefertigt werden. Zu gut erinnert sich Bernitt an die Vorwürfe, die seinem jetzigen Kapitän, dem damaligen Steuermann Peter Peycke, gemacht wurden, als er in einem ähnlich gelagerten Falle den schützenden Hafen aufsuchte. Verdächtigt hatten sie ihn, das Ankertau grundlos gekappt zu haben. Das würde ihm nicht passieren, schließlich will er weiterkommen, auch Kapitän werden.

Keine Sekunde liegt die *Seestern* ruhig. In der aufgewühlten See tanzt sie einen unermüdlichen Reigen. Nichts am Himmel deutet auf eine Wetterbesserung hin. Das wird noch hundert Jahre lang so wehen. Und drüben hinter den Deichen feiern die Familien das Fest der Liebe.

An Deck kann sich keiner aufhalten. Immer wieder rauschen die grüngrauen Seen über das tiefliegende Schiff, das am Ankertau zerrt und sich wie wild gebärdet. Die Lampengläser müßten unbedingt gesäubert werden, aber wer sollte das bei diesem Wetter tun? So hocken sie unter Deck eng beisammen und horchen auf den Wind, der um ihr Schiffchen heult, um diese Nußschale. Nur gelegentlich fällt ein Wort, ein Fluch. Mit ihren Gedanken sind die Männer zu Hause.

So kämpft die *Seestern* Stunde um Stunde gegen Wind und Wellen. Immer wieder schüttelt sie das Wasser ab, richtet sich auf, um sich der nächsten Woge entgegenzustemmen.

Doch irgendwann ist die See stärker.

Es gibt keinen Augenzeugen, als das Signalschiff *Seestern* kentert. Es geht sehr schnell. Keiner der Männer kann die Kajüte verlassen. Sie gehen mit ihrem Schiff unter, das letzte Gebet hat nur Gott gehört.

Den Tod fanden die beiden Lotsen J. H. Glahn und Gerd Jacks und folgende Besatzungsmitglieder:

Steuermann Johann H. C. Bernitt (34). Er hinterließ eine schwangere Frau und einen Sohn von 2½ Jahren (Gehalt 100 Ct.M.).

Steuermann J. J. Schwartau (50). Er hinterließ eine Frau und zwei Töchter, 17 und 18 Jahre alt (Gehalt 75 Ct.M.).

Zimmermann Christ Hermsen (34). Er hinterließ eine schwangere Frau und eine kleine Tochter (Gehalt 50 Ct.M.).

Matrose Ludwig Fremdling (34). Er hinterließ eine Frau und zwei Töchter im Alter von 12 und 7 Jahren. Die älteste litt an krampfartigen Zuständen (Gehalt 40 Ct.M.).

Matrose Marcus Köster (35). Er hinterließ eine schwangere Frau und einen Sohn von 3 Jahren (Gehalt 40 Ct.M.).

Matrose Claus Paulsen (29), unverheiratet (Gehalt 40 Ct.M.).

Koch Wilhelm Wärnecke (45), verlobt mit der Witwe Rehm, von der er 2 Söhne an Kindesstatt angenommen hatte. Sie soll, so heißt es in dem Aktenstück, von ihm schwanger sein. Der Copulat-Schein war schon ausgefertigt, als er auf Station ging, die Heirat sollte nach seiner Rückkehr stattfinden (Gehalt 40 Ct.M.).

Zimmermann Heinrich Matzen (45). Er hinterließ eine Frau und einen Sohn von 7 Jahren (Gehalt 40 Ct.M.).

Lotsengaliot Bernhardus *als Signalschiff*

1825: Bereits 1817 machen sich die Verantwortlichen ernste Gedanken über ein Ersatzleuchtschiff für die Elbmündung. Ausführlich befragt die Deputation Kapitän Rohloff, ob auch eine Lotsengaliot den Posten des Signalschiffes einnehmen könne. Der Kapitän der *Seestern* spricht sich entschieden gegen eine derartige Lösung aus. Seiner Meinung nach kommt nur ein flachbodiges Schiff in Frage. Diese Auffassung wird vom Lotsenkommandeur geteilt.

Das notwendige Ersatzleuchtschiff aber wird nicht gebaut oder angeschafft. Es fehlt an Geld und an Einsicht. Die Deputation beschließt am 15. Januar 1825, daß die Lotsengaliot *Bernhardus* die Station der im Orkan verlorengegangenen *Seestern* einnehmen soll.

Dementsprechend umgerüstet, Meister Repsold liefert erneut die Lampen, nimmt das 1787 gebaute Schiff am 17. September 1825 die verwaiste Position in der Elbmündung ein und bleibt dort, bis der Neubau in Dienst gestellt werden kann.

Die *Bernhardus* wird während der Elbblockade 1849 verkauft.

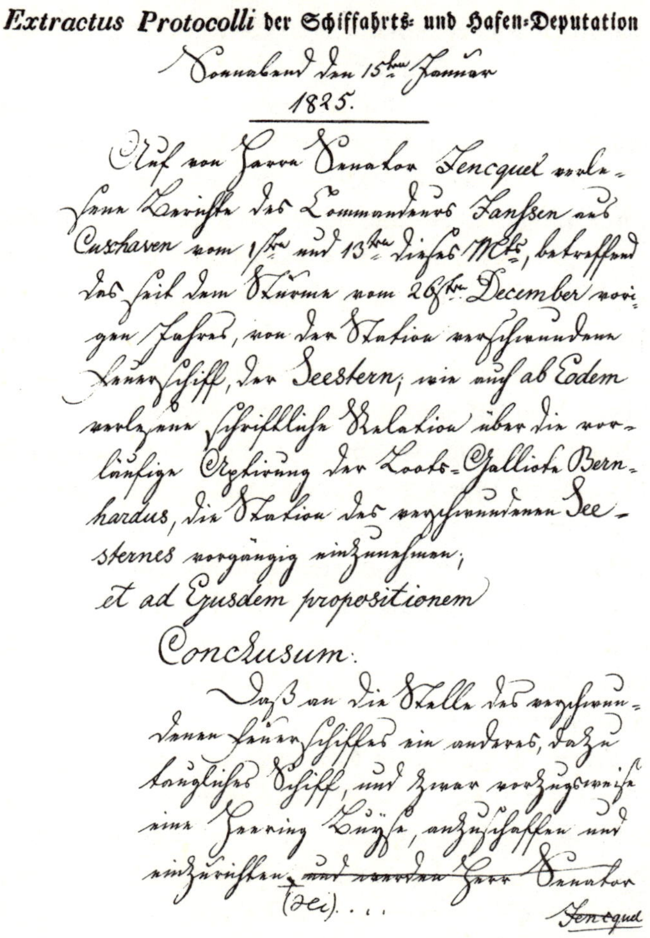

Extractus Protocolli der Schiffahrts- und Hafen-Deputation

Sonnabend den 15ten Januar
1825.

Auf von Herrn Senator Tencquel verlesenen Berichte des Commandeurs Janssen aus Cuxhaven vom 1sten und 13ten dieses Mts., betreffend das seit dem Sturme vom 26sten December vorigen Jahres, von der Station verschwundenen Feuerschiff, der Seestern; wie auch ab Eodem verlesene schriftliche Relation über die vorläufige [illegible] der Loots-Galliote Bernhardus, die Station des verschwundenen Seesternes vorgängig einzunehmen;
et ad Ejusdem propositionem

Conclusum:

Daß an die Stelle des verschwundenen Feuerschiffes ein anderes, dazu taugliches Schiff, und zwar vorzugsweise eine Hering Büse, anzuschaffen und einzurichten, ~~und werden Herr Senator~~ (bei) . . .

Tencquel

Dokument, aus dem hervorgeht, daß die Lotsengaliot Bernhardus *die Position der untergegangenen* Seestern *eingenommen hat. Als Ersatz will der Senat eine Heringsbüse anschaffen und einrichten.*

Signalschiff Jacob Hinrich

Benannt nach dem Lotsenkommandeur Jacob-Hinrich Benöhr
Bauwerft: Johann Hinrich von Somm, Hamburg
Baujahr: 1826
Länge: 26 m
Baumaterial: Holz
Baukosten: 70000 Ct.Mark, incl. Ausrüstung
Besatzung: 1 Kapitän, 2 Steuerleute, 7 Mann
Auf Position von *Elbe 1:* vom 28. September 1826 bis 28. September 1845
Weitere Verwendung auf den Stationen *Elbe 2* und *3*.
Seit 1880 Reservefeuerschiff und Wrackschiff.
Schicksal:
1900 außer Dienst gestellt. 9. 4. 1901 für 4000 Mark verkauft an die Firma Rickmers, Cuxhaven, zum Abbruch.
Lichtquelle:
9 Lampen mit parabolisch geformten Spiegeln, die als kardanisch aufgehängter Lichterkranz den Mast umgeben.
Lampenhöhe: 30 Fuß

Das neue Leuchtschiff

1825: 15. Januar: Die Schiffahrt- und Hafen-Deputation beschließt, an Stelle des versunkenen Leuchtschiffes eine Hering-Büse anzukaufen, sobald sich eine günstige Gelegenheit bietet.
17. Juni: In der Deputation fällt die Entscheidung, dem Schiffbaumeister Johann Hinrich von Somm auf dem Grasbrok den Bauauftrag zu erteilen. Von Somm genießt einen guten Ruf in Hamburg, besonders im Bau von Lots-Galioten. Es geht nur noch um den Preis.
27. Juni: Der Schiffbaumeister bedankt sich für die Aufforderung, eine Summe für den Bau eines Leuchtschiffes nennen zu dürfen. Er erklärt sich bereit, für 28000 Ct.Mark ein Schiff aus gesundem und untadelhaftem Holze mit sämtlichen Schmiedearbeiten zu zimmern. Den hohen Preis erklärt er wie folgt: »Weil ein Leucht-Schiff in allen seinen Teilen sehr fest und dauerhaft gebaut sein muß, so sind auch die Kosten sowohl für Holz als auch für Arbeitslohn bedeutend mehr, als wenn eine Lots-Galiote gebaut wird.«
1826: 13. März: In Altona stehen mehrere Hering-Büsen zum Verkauf, von denen drei nach gründlicher Untersuchung noch für gut befunden werden. Die Finanzdeputation bewilligt 8000 Ct.Mark. Ein Ankauf findet jedoch nicht statt.
9. April: Hafenmeister Meincke, Kommandeur Jansen und Kapitän Peter Peycke, der auch das neue Signalschiff führen soll, sprechen sich dafür aus, den Wasserballast im neuen Leuchtschiff in einer Bünne aufzunehmen. Andere Kommissionsmitglieder ziehen stabile Wasserfässer vor. Die Deputation steht vor einer schwie-

Der Hamburger Schiffbauer Johann Hinrich von Somm gibt im September 1825 ein Angebot ab für den Bau eines Leuchtschiffes.

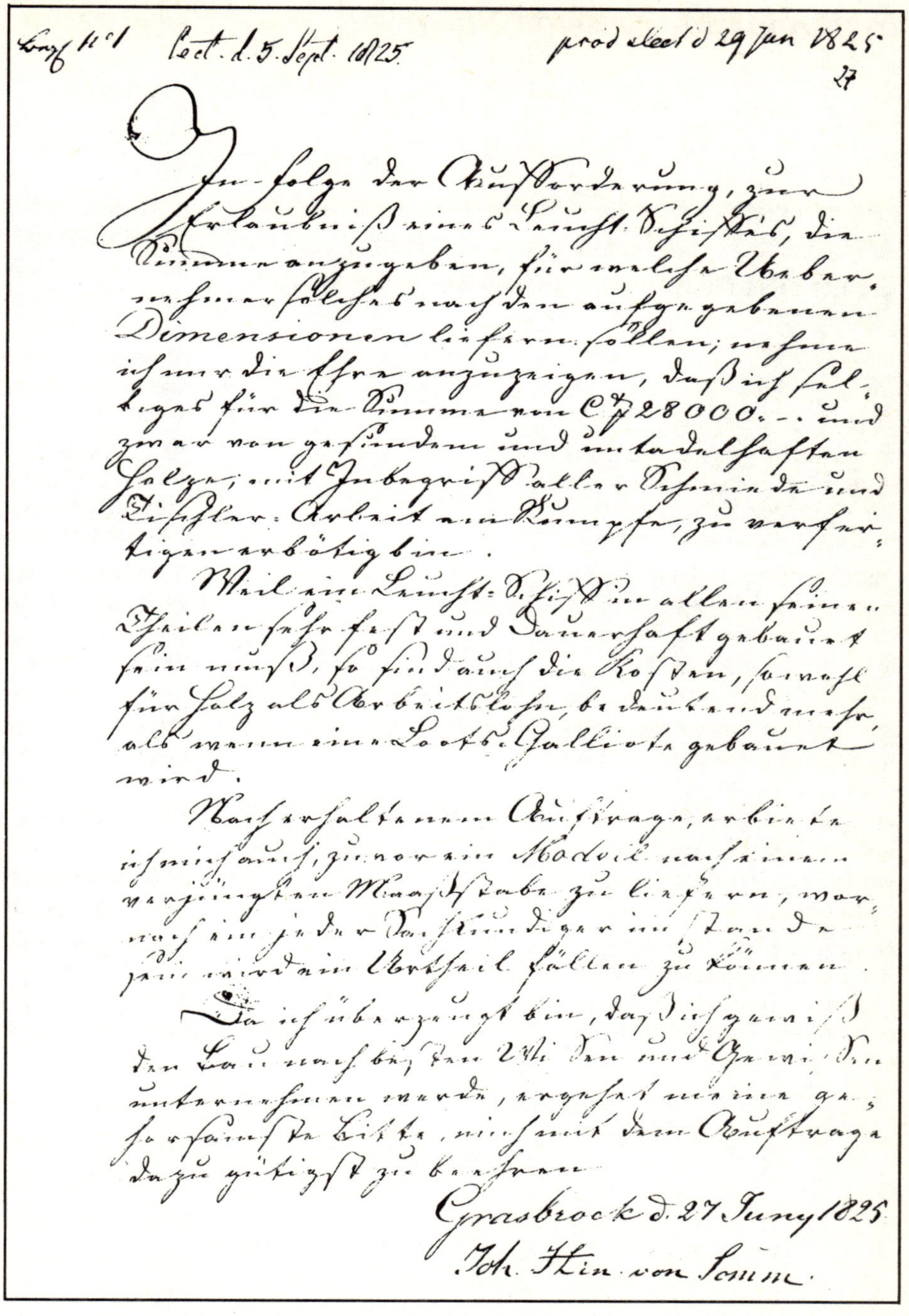

[illegible] No 1 Lect. d. 5. Sept. 1825   prod. [illegible] d 29 Jun 1825 27

Infolge der Aufforderung, zur Erbauung eines Leucht-Schiffes, die Summe anzugeben, für welche Unternehmer solches nach den aufgegebenen Dimensionen liefern sollen; nehme ich mir die Ehre anzuzeigen, daß ich solches für die Summe von Ct 28000.-- und zwar von gesundem und untadelhaften Holze, mit Inbegriff aller Schmiede und Tischler-Arbeit am Rumpfe, zu verfertigen erbötig bin.

Weil ein Leucht-Schiff in allen seinen Theilen sehr fest und dauerhaft gebauet sein muß, so sind auch die Kosten, sowohl für Holz als Arbeitslohn, bedeutend mehr als wenn eine Lootsen-Galliote gebauet wird.

Nach erhaltenem Auftrage, erbiete ich mich auch, zuvor ein Modell nach einem verjüngten Maaßstabe zu liefern, wornach ein jeder Sachkundiger im Stande sein wird ein Urtheil fällen zu können.

Da ich überzeugt bin, daß [illegible] den Bau [illegible] unternehmen werde, [illegible] meine gehorsamste Bitte, mich mit dem Auftrage dazu gütigst zu beehren.

Grasbrook d. 27 Juny 1825

Joh. Hin. von Somm

rigen Entscheidung, sie glaubt schließlich den Beteuerungen des erfahrenen Hafenmeisters und dem Leuchtschiffkapitän. Es soll alles getan werden, ein Versinken des neuen Leuchtschiffes unmöglich zu machen.

28. Juni: Die Lampen sollen in einer Höhe von 30 bis 35 Fuß angebracht werden. Außerdem wird beschlossen, das neue Leuchtschiff weiter seewärts und südlicher zu stationieren als die untergegangene *Seestern*.

12. September: Die Reederei Sloman bringt aus England die neuen Ankerketten.

6. Oktober: Kapitän Peycke erhält anläßlich der Übernahme des neuen Leuchtschiffes 200 Ct. Mark.

In den fürchterlichsten Stürmen

Ein unbekannter Besucher der Insel Neuwerk trug folgende Verse in das Fremdenbuch des Turmes ein. Er widmete das Gedicht dem Signalschiff *Jacob Hinrich.*

In den fürchterlichsten Stürmen
in der schwärzsten Schreckensnacht
wenn sich Wog' auf Wogen türmen
hältst du treulich deine Wacht.

Abgetrennt vom Heimathstrande
unter Dir des Abgrunds Schoß,
nah dem trügerischen Sande
in Gefahr stets hoffnungslos.

Kannst nur auf den Höchsten trauen,
wenn im Sturm dein Anker bricht,
kannst die Heimat wohl erschauen,
doch hinüber darfst du nicht.

O! es ist nicht eitle Klage,
aus der Tiefe wimmerts laut,
wo der *Seestern* liegt begraben
und ihr bang hinunter schaut.

Braves Schiff sei ohne Sorgen,
denn allnächtlich scheint dein Licht,
glänzet bis zum heitern Morgen,
Schiffe nahn und irren nicht.

Hilfreich bleibst Du angekettet,
bis der Eisgang dich vertreibt;
wenn er weicht, dann kehrst du wieder,
weil dir stets die Vorwacht bleibt.

Ist ein Schiff auf falschem Wege,
wo es leichtlich scheitern kann,
rufen's deine Donnerschläge
wieder auf die rechte Bahn.

Nacht umflort die blauen Fluthen,
dunkler Schleier birgt das Licht,
deines Diademes Gluten
gleichen Lunas Angesicht.

Rettest wieder, was verloren,
denn dein Leitungsstern ist nah,
glücklich bist du, auserkoren,
rühmst im Glanz Hammonia!

Jedem Schiff aus jeder Zone
stellst du dir als Schutzgeist dar,
nimmst dir deine Pflicht zum Lohne
und als Tröstung in Gefahr.

Christenpflicht gebeut, für Brüder
sich zu opfern in der Noth,
deine Mannschaft treu und bieder,
sie erfüllet dies Gebot.

Hat's der Herr der Welt beschlossen,
von dem uns kein Unfall trennt,
bricht dein Anker, und du bleibst –
bist du selbst dir Monument.

Ein Steuermann reicht im Winter nicht aus

1827: 7. März: Das Leuchtschiff liegt wieder auf Station. Infolge starken Eisganges mußte das Schiff nach Helgoland segeln.

1828: 9. August: *Jacob Hinrich* wird in Cuxhaven gründlich überholt. Kimmkiele werden angefertigt, um das unangenehme Rollen des Schiffes in grober See zu mildern. Außerdem wird der Boden neu mit Kupferplatten belegt. Im Kiel werden Bohrwürmer festgestellt.

1829: Mai: Nach einer Untersuchung des Schiffes stellt sich heraus, daß die neuen Kupferplatten schon teilweise durchlöchert sind. Regreß wird nicht erhoben, weil die Platten von der Deputation genehmigt worden waren.

1830: Nach Indienststellung des 2. Elbefeuerschiffes im Jahre 1827 mit der *Siegmund* stellten sich im Winter Besatzungsschwierigkeiten ein. Senator Abendroth versuchte, das Problem wie folgt zu lösen:
Früher waren auf dem Feuerschiff drei Offiziere, von denen beständig zwei an Bord waren, um bei Krankheitsfällen das Kommando übernehmen zu können. Als das 2. Elbefeuerschiff in Dienst gestellt wurde, glaubten wir, mit einem Offizier mehr für beide Schiffe auszukommen. Das hat sich als Irrtum herausgestellt. Wenn in den Wintermonaten auf jedem Leuchtschiff zwei Lotsen wären, befänden sich mit den Offizieren 9 Mann an Bord. Das ist zu wenig. So sollten im Winter auf jedem Schiff wenigstens zwei Offiziere sein. Dafür könnten sie kein Geld mehr verlangen. Wenn die Deputation sich später entschließen sollte, eine Gratifikation den Offizieren zu geben, so wäre das in Ordnung, denn dieses Geld käme durch die Herabsetzung der Gage von 40 auf 30 Schillinge monatlich wieder herein.

1831: 30. April: Senator Abendroth bringt in der Deputation die Bitte der Feuerschiffssteuerleute um eine Gehaltszulage ein, doch gleichzeitig rät er davon ab. 13. November: Beim Aufsegeln bricht der Besanmast. Der Vorwurf, Kapitän Peycke habe die Station zu früh verlassen, wird nicht aufrechterhalten. Es wird bestätigt, daß der Verlust des Schiffes höchstwahrscheinlich gewesen wäre, wenn er auf Station geblieben wäre.

1833: 11. April: Die Mannschaften der Signalschiffe erhalten eine Extra-Monatsgage, weil ihre Schiffe die Stationen den ganzen Winter nicht verlassen haben.

1834: 3. April: Schiffahrt- und Hafen-Deputation (Protokollauszug): Der Amtmann fragt an, ob die Besatzungen wegen ihrer ununterbrochenen Ausdauer auf ihren Stationen bei dem beispiellos stürmischen Wetter des verflossenen Winters die ihnen für solche Fälle zugesagte Extra-Monatsgage erhalten. Das Signalschiff *Jacob Hinrich* habe zwar seitdem die Station verlassen müssen, doch sollte ihm das nachgesehen werden.

Ein Blitz erschlägt den Schiffskoch Steinfeld. Die Mutter will klagen. Am 1. August wird ein Blitzableiter beantragt. Georg Repsold hält die Einrichtung für wünschenswert.

1836: 24. März: Der Amtmann zu Ritzebüttel stellt den Antrag, beiden Feuerschiffsbesatzungen eine zusätzliche Monatsgage zu bewilligen. Doch die Deputation entscheidet, daß die Mannschaft der *Siegmund* nur die halbmonatliche Gage erhält, weil sie nicht so schnell, wie sie hätte sein können, auf ihre Station zurückgekehrt sei. Die andere Hälfte wird zusätzlich unter der Mannschaft der *Jacob Hinrich* verteilt.

1837: 2. Februar: Die Bünne bereitet Probleme. Das Schiff ist unangenehm feucht, es bildet sich in den Winkeln und Ecken Salz, auch schlingert das Schiff zu stark, und die Luftkisten sind nicht mehr luftdicht.

16. Februar: Es wird vorgeschlagen, die Bünne im Sommer herauszunehmen oder zu verkleinern. Die Deputation erinnert sich an die Gutachten, ausgestellt von den Personen, die damals eine Bünne forderten.

3. März: Französisches Dampfboot *Hambourg* rammt das Leuchtschiff beim Einsegeln in die Elbe. Der Schaden ist gering.

20. April: Die Deputation beschließt, die Bünne entfernen zu lassen und Eichenholz als Ballast zu nehmen. Die Luftkisten sollen jährlich überholt werden.

Aus dem Protokoll des Senats vom 6. April 1837.

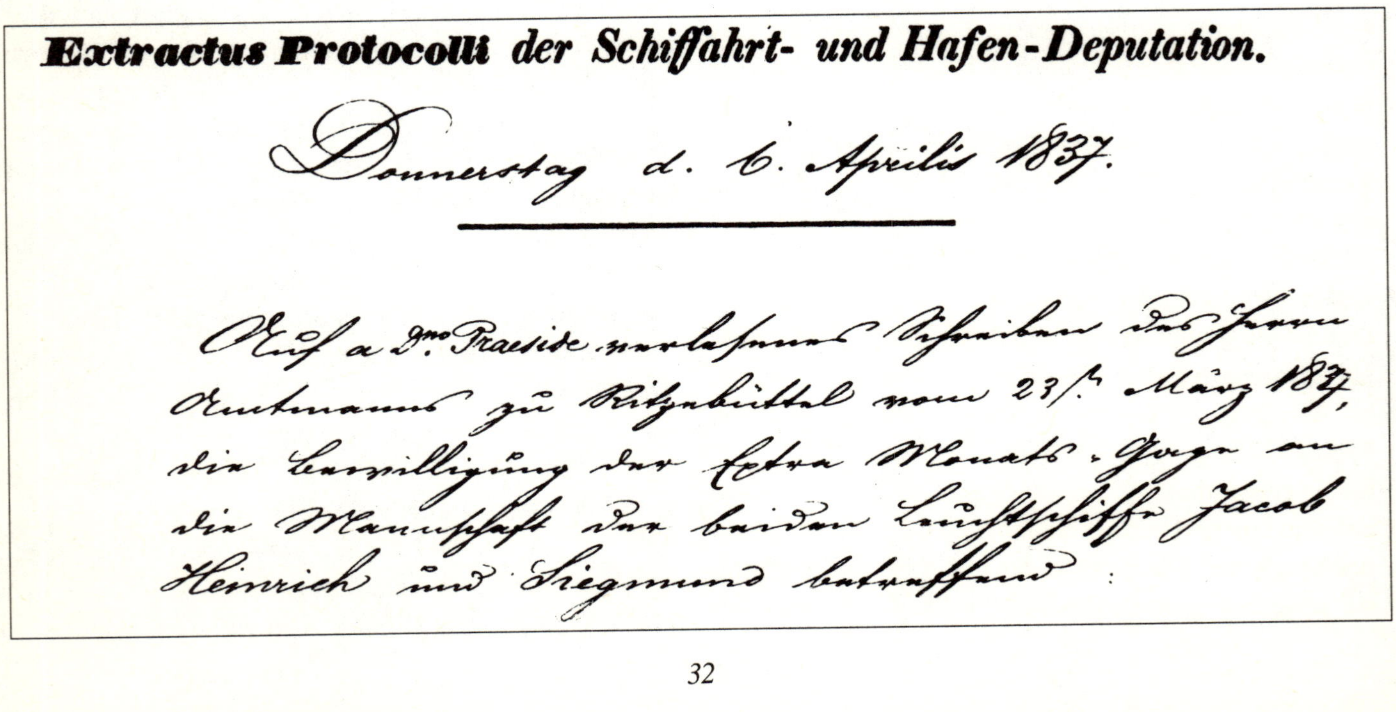
Extractus Protocolli der Schiffahrt- und Hafen-Deputation.

Donnerstag d. 6. Aprilis 1837.

Auf a Dno Praeside verlesenes Schreiben des Herrn Amtmanns zu Ritzebüttel vom 23ten März 1837, die Bewilligung der Extra Monats-Gage an die Mannschaft der beiden Leuchtschiffe Jacob Heinrich und Siegmund betreffend:

Ein schweres Staatsverbrechen

1837: März: Auf den in der Elbmündung postierten Signalschiffen gibt es sogenannte Ausholstationen, also die Möglichkeit für Lotsen, die Schiffe elbabwärts gebracht haben, sich dort aufzuhalten, bis sich eine Gelegenheit zur Heimfahrt nach Hamburg findet. Diese Schiffe sind für die Aufnahme von zusätzlichen Personen für längere Zeit nur unzureichend ausgerüstet, was den Platz betrifft und die Verpflegung. Wenn sich infolge schlechten Wetters eine Rückbeförderung hinzieht, ist der Zwangsaufenthalt auf den Signalschiffen alles andere als erfreulich. Eine Möglichkeit, mit den Lieben daheim in Verbindung zu treten, gibt es nicht.

So ist die Situation im März. Ein Frühlingssturm nach dem anderen braust über die Deutsche Bucht. Der Proviant auf der *Jacob Hinrich* ist knapp geworden, das Brot alt, trocken und versetzt mit Würmern. Und immer noch besteht keine Aussicht wegzukommen. Zu kräftig pustet der Sturm aus Westen und fegt über die Deiche. Kein Segler kommt bei dieser Windrichtung und Stärke aus der Elbe heraus, kein Kapitän versucht es, denn zu gefährlich lauern die Mahlsände der Unterelbe auf ihre Opfer. Wer dort erst festgekommen ist, dem helfe Gott. Gelegentlich aber kommt ein Segelschiff auf. Fremde verlangen nach einem Lotsen. Sie müssen weitersegeln, bis im ruhigeren Wasser die Lotsengaliot die Kunden bedienen kann.

So vergehen die Tage, die endlosen Nächte. Die Lage auf dem hin- und hertorkelnden Signalschiff wird immer unerträglicher. Die Nerven der Leute sind angespannt, sie reagieren gereizt. Als auch noch das Trinkwasser zugeteilt werden muß, kocht die Volksseele über. Die Oevelgönner Lotsen proben den Aufstand. Während draußen der Sturm brüllt und an der Takelage des vermurrten Signalschiffes zerrt, reden die Lotsen auf den Kapitän ein, endlich dem Ganzen ein Ende zu bereiten, das Ankertau zu kappen und in den Hafen zu segeln. Sie, die Lotsen, haben keine Lust, hier draußen vor die Hunde zu gehen. Als das nicht hilft, erinnern sie ihn an den Untergang der *Seestern*. Und das gibt schließlich den Ausschlag. Sie kappen das Ankertau und segeln nach Cuxhaven. Der Lotsenkommandeur ist außer sich. Er läßt alle einsperren, denn was sie getan haben, ist für ihn schlimmer als eine Meuterei, das ist Hochverrat.

Den »Verbrechern« drohen empfindliche Strafen. Es bedarf langwieriger Verhandlungen zwischen der Bruderschaft Oevelgönne und dem Lotseninspektor E. Abendroth, um die mißliche Angelegenheit zu bereinigen.

1837: 6. April: Die Deputation entscheidet, daß gegen die Bewilligung der Sonderzuteilung in Hinsicht auf die Mannschaft der *Jacob Hinrich* keine Bedenken bestehen, die Mannschaft der *Siegmund* aber soll wegen der Vorfälle mit dem Oberlotsen am Weihnachtsfest leer ausgehen.

1838: Der Kupferboden ist erneut beschädigt. Das Schiff erhält ein Patentspill.

1840: 26. März: Der Amtmann äußert den Wunsch, die Deputation möge das Gehalt des Untersteuermanns Kolster vom Leuchtschiff *Jacob Hinrich* mit Rücksicht auf seinen beschwerlichen Dienst von 900 auf 1200 Ct.Mark jährlich erhöhen. Die Deputation bewilligt dem Untersteuermann lediglich drei Jahre lang eine Gratifikation von 100 Ct.Mark.

1843: 24. August: Erneut bringt der Amtmann den Antrag ein, das Gehalt des Untersteuermanns zu erhöhen. Doch die Deputation gewährt ihm lediglich erneut für drei Jahre einen Extrabonus, falls er so lange bleibt.

Elbfeuerschiff Caspar *um 1869. Der hölzerne Dreimaster verfügt im Großmast über einen Leuchtapparat mit neun Lampen. Zeichnung aus Wikinger 6 (1970).*

Leuchtschiff Caspar

Baujahr: 1845
Bauwerft: Johann Hinrich von Somm
Bauort: Hamburg
Baumaterial: Holz
Baukosten: 74531 Ct.Mark
Stapellauf: 13. September 1845
Höhe des Feuers: 35 Fuß über Wasser
Sichtweite: 8 sm
Kennung: Bei Indienststellung festes Feuer, später Blinkfeuer 8 sec. Pause 12 sec. Wiederkehr 20 sec.
Tagzeichen: Rote Flagge
Auf Position von *Elbe 1:* von 1845 bis 1858 und 1858 bis 1879
Weitere Verwendung als Feuerschiff auf Position *Elbe 2.*
Besatzung: 8 Mann

Leuchtanlage:
Caspar hat zunächst einen aus 9 Lampen bestehenden Leuchtapparat im Großmast. 1869 erhält das Schiff eine Drehfeuereinrichtung, bestehend aus neun mit Petroleum gespeisten, kardanisch aufgehängten Parabolspiegellampen, die in einer verglasten, am Großmast aufziehbaren Laterne durch ein unter Deck stehendes Uhrwerk gedreht werden. Die Anlage wurde in doppelter Ausführung aus England bezogen.

Schicksal:
Verkauft am 23. März 1916 an J. D. Schlichting, Hamburg, für 8350 Mark.

Leuchtschiff nach englischem Muster

1843: Sommer: Ein neues Leuchtschiff muß entweder angekauft oder gebaut werden. Es soll etwas größer als die *Jacob Hinrich* ausfallen und drei Masten tragen. Um die geeignete Konstruktion gibt es unterschiedliche Auffassungen, und so fährt Lotsenkommandeur Abendroth nach England, um dort Pläne oder Modelle zu beschaffen. Für die Reise bewilligt ihm die Deputation 1400 Ct.Mark. Er nimmt den Schiffbaumeister Eggers aus Cuxhaven mit auf die Fahrt. Schließlich sehen vier Augen mehr als zwei. Im Oktober kehren sie zur Elbe zurück. Einen ganzen Monat lang haben sich die beiden im klassischen Land der Leuchtschiffe umgesehen und sich, was verständlich ist, befreundet. Im Erfahrungsbericht an die Deputation schildert der Lotsenkommandeur seine Eindrücke und hofft, daß der Auftrag für das neu zu erbauende Leuchtschiff an den jungen Schiffbaumeister Eggers, seinen Reisepartner, vergeben wird.
24. Dezember: Die Deputation willigt ein und ist bereit, für den Neubau 60000 Ct.Mark auszugeben, fordert aber, daß der Bau im kommenden Jahr begonnen, doch erst im Jahr danach beendet wird. Ausschlaggebend für diese Entscheidung sind reine Budgetfragen. Aus nicht genannten Quellen erfährt der Schiffbaumeister Johann Hinrich von Somm (er baute die *Jacob Hinrich*) von den Neubauplänen der Stadt und meldet Bedenken gegen das von Eggers geplante Leuchtschiff an. Seiner Meinung nach ist es zu scharf konstruiert. Es wird sich nicht in der Elbmündung bewähren. Dieses Schreiben verunsichert die Deputation und führt zu Rückfragen an den Lotsenkommandeur in Cuxhaven.
Aus welchen Gründen auch immer erhält nun doch nicht der junge Eggers den Bauauftrag, sondern Johann Hinrich von Somm.
Auf der Werft vor dem Sandthor entsteht das neue Leuchtschiff für die äußere Elbposition.
1845: 13. September: Um 02.00 Uhr am Nachmittag erfolgt der Stapellauf des neuen Leuchtschiffes, und es wird auf den Namen *Caspar* getauft. Das Schiff bleibt ein paar Tage im Hafen und kann von den Hamburgern besichtigt werden. Kapitän des neuen Leuchtschiffes wird der Steuermann der *Jacob Hinrich*.
1845: 23. Oktober: Lotsenkommandeur Abendroth berichtet ausführlich über die große Sturmflut und über das neue Leuchtschiff, welches sich trotz des Orkans, der mit solcher Heftigkeit tobte, daß die ältesten Leute sich eines solchen Unwetters nicht erinnern können, gut bewährt hat. Nach Ansicht des Kapitäns Steinbock und anderer Marineoffiziere ist es wesentlich besser als das frühere Leuchtschiff *Jacob Hinrich*.
1846: August: Beim Aufholen des Leuchtschiffes auf der Werft Eggers in Cuxhaven wird die *Caspar* stark beschädigt. Die Deputation glaubt an ein schuldhaftes Verhalten des Schiffbaumeisters und weigert sich, die Reparatur des Schadens zu begleichen. Eine Einigung wird erzielt, geht aber weitgehend zu Lasten der Werft.
1850: 16. Februar: Kapitän Steinbock von der *Caspar* feiert 25jähriges Dienstjubiläum. Von der Schiffahrt- und Hafen-Deputation erhält er ein Belobigungsschreiben und 2 Portugaleser sowie einen Gehaltszuschuß.
1853: Das Leuchtschiff *Caspar* wird neu gekupfert.

Lohnt sich überhaupt noch eine Reparatur?

1855: 5. Juli: Bei der Untersuchung des Holzes auf der Werft wird Rotfäule im Schiffskörper festgestellt. Eine kostspielige Reparatur steht bevor. Wie schwer der Schaden ist, läßt sich so nicht genau ermitteln. Der Lotsenkommandeur rechnet mit rund 7500 Ct.Mark. Weil die Reparatur länger dauert, nimmt die *Jacob Hinrich* wieder die äußere Position in der Elbmündung ein. Um festzustellen, wie weit die Rotfäule fortgeschritten ist, muß die ganze Kupferhaut abgerissen werden. Es sieht noch viel schlimmer aus als befürchtet. Die Verantwortlichen sprechen von Glück, daß der Schaden rechtzeitig bemerkt worden ist, weil das Schiff im Herbst mit Sicherheit verloren gegangen wäre. Sie entdecken Planken, die nur noch ¼ Zoll gesundes Holz haben. Die Reparaturkosten werden auf 30000 Ct.Mark veranschlagt. Das ist viel Geld, zu viel, wie einige aus der Deputation meinen. Sie stellen die Frage, ob es nicht besser ist, das Schiff abzustoßen und ein neues zu kaufen. Auf diesen Gesichtspunkt geht folgender Brief ein:

»Wenn man aber nun wirklich von der großen Reparatur des *Caspar* absehen wollte und das Schiff verkaufen, so fragt es sich, wer will ein Skelett auf diese Weise wie dies kaufen, und was würde dafür bezahlt werden? Und woher so schnell ein anderes Schiff für die Station nehmen?

Wenn die Reparatur auch etwas hoch kommt, so ist dieses auch gewiß dem Umstand gutzuschreiben, daß jetzt alles beinahe 40 bis 50 % mehr kostet wie vor 10 Jahren, als der *Caspar* erbaut wurde. Schiffbauer von Somm bekam 1845 für den eigentlichen Rumpf 34400 Ct.Mark, und wie das Schiff fertig war, kostete dasselbe 74531 Ct.Mark, ohne die Beaufsichtigungskosten von Kapitän etc. etc.«

Die besten Lotsen kommen von den Feuerschiffen

1856: Dem Lotsenkommandeur Abendroth wird am 29. März nicht leicht ums Herz gewesen sein, als er sich hinsetzte und an den Senator und Amtmann C. Hartung auf Schloß Ritzebüttel folgenden Brief schrieb:

»Eure Hochweisheit
wollen mir erlauben, eine Veränderung in den Monatsgagen der Mannschaften auf den Leuchtschiffen vorzuschlagen, welche mehr der jetzigen Zeit angemessen erscheint.

Bis jetzt haben alle Matrosen der Leuchtschiffe gleiche Gagen gehabt. Diese Einrichtung hat insofern seine großen Übelstände, weil es gar keinen Antrieb gibt, tüchtig in der Arbeit zu sein. Ich glaube, daß wir dadurch, daß wir die Gagen verschieden stellen, nur das tun, was man auf allen Schiffen der Welt findet. Es ist außerdem Brauch geworden, daß den Mannschaften der Leuchtschiffe im Laufe des Frühjahres eine Extra-Monatsgage bewilligt wird. Während meiner ganzen Dienstzeit ist dies jährlich angesprochen und bewilligt worden. Mir scheint dieses Verfahren nicht mehr angemessen, auch nicht mit den Ansichten der Matrosen vereinbar.

Wenn ein Matrose sich engagiert, fragt er: ›Wieviel per Monat?‹ Der 13te Monat ist ihm ja ungewiß, er kann mithin auf seinen Entschluß keinen Einfluß üben. Aber durch diese Usance bekommt der Matrose nicht 36, sondern eigentlich 39 per Monat. Trotzdem argumentiert der Matrose, daß er im Staatsdienst 6 per Monat weniger als ein Kauffahrer erhalte und einige Zeit lang für die eigene Kost aufkommen müsse. Freilich ist Aussicht zum Fortkommen, aber das kann lange dauern. Der Matrose argumentiert: ›Ich bin jung und rüstig und werde lieber auf See fahren, wo ich in Amerika und Australien auch gute Aussichten habe.‹ Dabei fallen ihm eine Menge Bekannter ein, welche auswärts ihr Glück gemacht haben. Auf diese Art entgeht uns mancher tüchtige Mann, und tüchtige Leute müssen wir haben, denn sowohl an Bord der Leuchtschiffe, wie sie mit wenigen Leuten die schweren Ketten bearbeiten müssen wie bei *Jacob Hinrich,* wie sie in jedem Wetter bei Tage und bei Nacht Lotsen ausholen müssen, und ferner, wenn an Lande, haben sie Dienst auf der Jolle und dem Ewer beim Tonnenwesen und was sonst anfällt, was mitunter auch ein schwerer Dienst, wenn das Wetter ungünstig ist, auch sollen wir unseren Lotsen aus diesen Leuten bilden, und nur die Aussicht, dereinst Lotse zu werden, kann uns tüchtige Leute zuführen, auch habe ich gefunden, daß die Leute, welche die gewöhnliche Schule in unserem Dienste durchgemacht, die besten Lotsen abgeben.

Zur besseren Regulierung des Dienstes erlaube ich mir folgende Änderung in den Gagen vorzuschlagen: Jetzt ist die Monatsgage für *Caspar:*

Zimmermann Ct.M. 49 per Monat
Matrose Ct.M. 36 per Monat
Die Gagen der Mannschaft betragen per Jahr Ct.M. 4550,–.

Ich schlage folgende Regelung vor:
1. 1 Zimmermann Ct.M. 53 per Monat
2. 1 Zimmermann Ct.M. 51 per Monat
3. 1 Matrose Ct.M. 41 per Monat
4. 1 Matrose Ct.M. 40 per Monat
5. 1 Koch Ct.M. 41 per Monat
6. 1 Matrose Ct.M. 39 per Monat
7. 1 Matrose Ct.M. 39 per Monat
8. 1 Matrose Ct.M. 38 per Monat

Die Gagen der Mannschaft würden per Jahr betragen 4560,– Ct.M.

Ob denselben ein Teil der Monatsgage als Extragage bewilligt werden soll, überlasse ich dem besseren Ermessen Eurer Hochweisheit, allein ich trage darauf an, daß den Leuten im Monat Kostgeld vergütet werde.«

Sonderprämie für Leuchtschiff Caspar

1857: Gerichtet ist das Schreiben an den Herrn Senator und Amtmann C. Hartung, Schloß Ritzebüttel. Kommandeur Abendroth stellt einen Antrag wegen einer Extra-Monatsgage:

»Da der Winter nun vorüber ist und die Mannschaften auf den Leuchtschiffen sich nichts haben zuschulden kommen lassen, so trage ich gehorsamst auf Bewilligung der gewöhnlichen Extra-Gagen an. Dieselbe beträgt für *Caspar:*

Capt. Steinbock	150,– Ct.M.
Steuermann beim Graben	75,– Ct.M.
2 Zimmerleute à 49	98,– Ct.M.
7 Matrosen à 36	252,– Ct.M.
	575,– Ct.M.«

Die Mannschaften der anderen beiden Leuchtschiffe sollten weniger erhalten. Das sah der Kommandeur nicht recht ein und machte geltend, daß gerade die Mannschaft der *Jacob Hinrich* (nun Station *Elbe 2*) einen größeren Verbrauch an Kleidungsstücken habe. Zwar sei bei der allgemeinen Gagenerhöhung ein Zuschlag für das Lotsenausholen bewilligt worden, aber die Erhöhung habe nicht ganz den Erwartungen entsprochen. Abendroth: »Ich verspreche mir von dieser Regulierung der Gagen viel Nutzen für den Dienst. Dann läßt sich auch hier der Punkt des Verheiratens regulieren, was auch gewiß sehr wünschenswert ist, da dies jetzt viel böses Blut setzt.

Auf alle Fälle will ich versuchen, einen Vorschlag zu machen. Alle Leute im Staatsdienst können sich verheiraten, mit Ausnahme der 3 oder 4 letzten Nummern auf den Leuchtschiffen, jedoch müssen sie das Alter von 23 Jahren voll zurückgelegt haben.«

Über diesen am 9. September 1856 eingereichten Antrag entschied die Schiffahrt- und Hafen-Deputation am 7. Mai 1857:

Nach den Mitteilungen des Herrn Amtmanns zu Ritzebüttel stelle es sich immer mehr als wünschenswert heraus, daß den Mannschaften der Staatsschiffe das Heiraten unter gewissen Bedingungen gestattet werde, teils um sich tüchtiger Leute bleibend zu versichern, teils um wilde Ehe tunlichst zu verhindern. Die vorgeschlagenen Bedingungen seien im wesentlichen folgende: Ein Alter von nicht unter 25 Jahren, eine Dienstzeit von zwei Jahren, sowie daß sie zu den 4 und resp. 5 ersten Nummern der Schiffsbesatzungen gehören müßten, und eine bündige Erklärung, daß im Todesfall des Mannes die Nachgelassenen keinen Anspruch auf Versorgung oder Unterstützung von Staats wegen haben. Der Präses teile die Ansicht des Herrn Amtmannes in der Sache selbst und halte die Bedingungen für zweckmäßig, weshalb er die Deputation ersuche, falls keine Bedenken sich erheben sollten, die Vorschläge des Herrn Amtmannes zu billigen.

1869: Das feste Feuer als Erkennungszeichen bei Nacht wird durch ein Blinkfeuer ersetzt, und zwar durch eine Drehfeuereinrichtung der englischen Firma Wilkens & Co., London. Die Einrichtung befindet sich heute im Deutschen Museum in München.

1864: Kapitän Steinbock wird pensioniert. Steuermann J. Albers übernimmt als Kapitän das Leuchtschiff *Caspar.*

1874: 1. Dezember: Zur besseren Kennung führen Feuerschiffe in deutschen Gewässern eine sogenannte Ankerlaterne mit weißem Licht am Fockstag.

1876: 27. Februar: Leuchtschiff *Caspar* verläßt infolge Eislage die Station, kehrt am 5. März auf die alte Position zurück.

Leuchtschiff Neptun

Bauwerft: Godeffroy
Bauort: Hamburg
Baujahr: 1858
Baumaterial: Eisen
Bauart: Schoner
Baunummer: 39
Länge über alles: 29,65 m
Breite: 6,60 m
Seitenhöhe: 3,87 m
Tiefgang: 3,00 m
Leuchtfeuerhöhe: 11 m
Auftraggeber: Finanzdeputation Hamburg
Besatzung: 14 Mann
Auf Position *Elbe 1:* vom 22. Juli 1858
bis 6. August 1858

Lichtquelle:
Bis 1869 hatte die *Neptun* ein festes Feuer, dann eine Blinkfeueranlage, die von der britischen Firma Wilkens & Co., London, geliefert wurde, mit einer Drehfeuereinrichtung versehen wie *Bürgermeister Kirchenpauer* und *Caspar.* Die Anlage der *Neptun* befindet sich im Deutschen Museum in München.

Weitere Verwendung:
Auf anderen Stationen der Unterelbe. 1909 Reservefeuerschiff. 19. 4. 1918 Kriegsfeuerschiff, Küstenbezirksamt IV. 1931 Umbau zum Wrackfeuerschiff WSA Cuxhaven. 20. 3. 1951 für 15598,– DM verkauft an die Firma Beckedorf, Hamburg. Abgebrochen.

Ein Heiratsgesuch

1858: Ernst Heinrich König, Matrose auf dem Feuerschiff *Neptun*, bat um Erteilung der Erlaubnis zur Heirat. Das Schriftstück ist erhalten geblieben. Mit großer Wahrscheinlichkeit hat sich der Matrose einem Schönschreiber anvertraut:

»Hochwohlgeborene, Höchstzuverehrende Herren!

Die hochlöbliche Schiffahrt- und Hafen-Deputation hat am 7. Mai 1857 für die Verheiratung der Mannschaften der Feuerschiffe Bedingungen aufgestellt, von denen gehorsamst Unterzeichneter auch wohl nicht eine erfüllt. Wenn gleichwohl der Unterzeichnete ein Gesuch um Erteilung des Consenses zu seiner Verheiratung einzureichen wagt, so geschieht solches in der Hoffnung, daß seine Bitte nicht ungehört bleiben werde.

Seit mehreren Jahren hat Unterzeichneter Bekanntschaft mit der Tochter des Lotsen Ritter in Cuxhaven, Maria Henriette Rebecca. Ein Moment, in dem die Leidenschaft stärker war als der Verstand, wird in nächster Zeit einem Kinde das Leben geben. Daß dieses Kind in der Ehe geboren werde, oder doch durch baldigst nachfolgende Ehe legitimiert werde, und daß so der Makel, der auf dem Kinde und der Braut haften würde, getilgt werde, ist ein nur zu gerechtfertigter Wunsch, den Jeder, der auf Halten eines gegebenen Wortes, auf Sühnung begangenen Unrechtes Etwas zu geben geneigt ist, anerkennen und teilen wird. Unterzeichneter wagt nicht, das was geschehen ist zu beschönigen, aber er ist bestrebt, die Folgen so wenig schlimm als möglich zu machen.

Über die persönlichen Verhältnisse glaubt Unterzeichneter nur ausführen zu sollen, daß er auf dem Feuerschiff *Neptun* zur Zufriedenheit seiner Vorgesetzten dient, daß er sein 22. Jahr vollendet hat und seiner Militärpflicht durch Stellung eines Stellvertreters genügt hat.«

Wie die Behörde über dieses Gesuch entschied, konnte nicht ermittelt werden.

1858: Das Feuerschiff Neptun, mit großen Hoffnungen in Dienst gestellt, erweist sich als Mißgriff. Es erfüllt nicht die Erwartungen und muß nach kurzer Erprobung auf eine der inneren Stationen zurückgenommen werden.

Nicht beim Bau bedacht worden ist, daß die Unterwasserlinien des eisernen Leuchtschiffes ungünstiger verlaufen als die der hölzernen Leuchtschiffe. Die *Neptun* braucht, da nur Schratsegel gesetzt werden können, zu viel Seeraum, um sich im Notfall von den Untiefen der Elbmündung freisegeln zu können.

1890 entscheidet sich die Hamburger Bürgerschaft erneut für den Bau eines eisernen Leuchtschiffes für die äußere Position, die nun aber gute zwei Seemeilen westlicher liegt.

Leuchtschiff Gustav Heinrich

Namensgeber: Bürgermeister Gustav Heinrich Kirchenpauer
Bauwerft: Stülcken
Bauort: Hamburg
Baujahr: 1879
Bauart: Schoner
Baumaterial: Holz
Baunummer: 26
Länge: 29,30 m
Breite: 6,88 m
Seitenhöhe: 3,65 m
Tiefgang: 3,70 m
Leuchtfeuerhöhe: 11 m

Sichtweite des Feuers: 6 sm
Baukosten: 100000 Mark
Auftraggeber: Finanzdeputation Hamburg
Auf Position von *Elbe 1*: von 1879 bis 1892, 54°NB/8°18′OL

Weitere Verwendung:
Auf anderen Stationen der Unterelbe. Ab 1909 Reservefeuerschiff. Von 1910 bis 1912 auf Station *Elbe 5*.

Schicksal:
1928 Verkauf für 5200 Mark an Ritscher & von der Heyde, Altenwerder. 1929 zum Abbruch weiter an Hugo Peters, Beidenfleth

Seitenansicht des Leuchtschiffes Gustav Heinrich. *Es wurde geführt von Kapitän Steinkraus.*

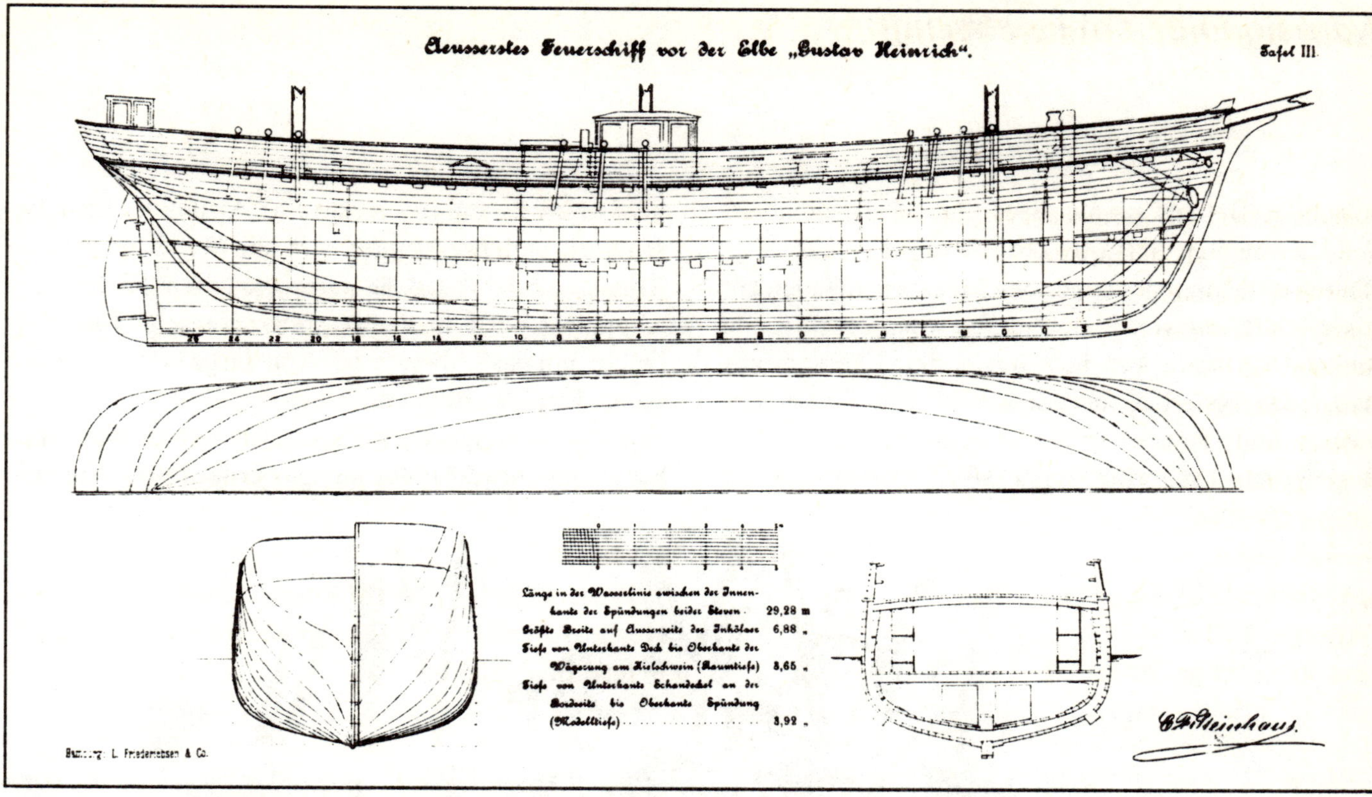

Seitenriß der Gustav Heinrich.

Warnsignale vom Feuerschiff

Folgender Beitrag ist aus dem um die Jahrhundertwende erschienenen Buch »Zur See« entnommen:
»Durch die Fluten des deutschen Meeres gen Süden eilt unser Schiff, nur wenig schwankt es, wenn der wogende Busen des Ozeans sich hebt und senkt. Langsam verlöscht der Feuerball der Sonne in den Fluten des Meeres, und als wellenatmend ihr Gesicht wiederkehrt, da steigt aus den zerfließenden Morgennebeln das rot-weiß-grüne Eiland auf: Helgoland. An den zackigen Felsenufern entlang, an dem sich die Welle in tosender Brandung bricht, daß die schneeige Gischt hoch an den Klippen emporleckt, zieht der Dampfer seine glitzernde Furche um das südwestliche Vorgebirge und lenkt dann seinen Kurs der Elbmündung zu.
Noch sind Helgolands Bewohner nicht vom süßen Schlummer erwacht, nur wenige emsige Fischer sind mit

Warnsignal vom Feuerschiff.

Aufnehmen ihrer Netze beschäftigt, aber das Meer trägt rastlose Menschen. Segel auf Segel tauchen am Horizonte auf, untermischt mit den langen Rauchstreifen der Dampfer.
Je weiter wir kommen, desto belebter wird das Meer; denn alle Schiffe eilen demselben Ziele, Hamburg, zu. Das erste Feuerschiff, ein kurzes, stark gebautes rot angestrichenes Fahrzeug (Feuerschiff *Gustav Heinrich*), auf beiden Seiten in weißen Buchstaben den Namen ›Elbe‹ führend, ist bald erreicht. Unwillig schleudert das Meer das mit Signalapparaten verschiedener Art ausgerüstete Schiff hin und her, ohne indessen seinen roten Rumpf von dem festen Anker losreißen zu können. Da kracht ein Schuß vom Feuerschiff, ein zweiter folgt. Der Steuermann zeigt uns auf Befragen eine von Westen kommende Kuff, welche bei ihrem Kurse jeden Augenblick vom Flutstrom auf die Nordern-Gründe getrieben werden kann.
Beim zweiten Schuß scheint der Führer des Fahrzeugs aufmerksam geworden zu sein, denn er hat den Kurs sofort nach Norden genommen und sein Schiff vor der Strandung gerettet.«

1883: Das Tagsignal wird geändert. Statt der Flagge führt das Leuchtschiff einen Ball im Großtopp.
Nach englischem Vorbild wird an den Längsseiten des Leuchtschiffes mit weißen großen Buchstaben dessen Position vermerkt: *Elbe 1.* – Die oberen Leuchtenringe des Leuchtfeuerapparates werden von 6 m auf 11 m über dem Wasserspiegel geändert.
1884: 1. August: Nebelsignal geändert. Alle 15 min einzelne Kanonenschläge und alle 5 min dreimal wiederkehrende Gruppen von 4 langtönenden Schlägen mit der Schiffsglocke.
1885: Der Stationsplatz des äußeren Feuerschiffes wird um 2 sm nach See zu verlegt, etwa in die Deckspeilung der Scharhörnbake und der Nordbake auf Neuwerk.
1886: 21. Januar: Die Deutsche Gesellschaft zur Rettung Schiffbrüchiger meldet, daß Feuerschiff *Elbe 1* mit einem Rettungsboot ausgerüstet worden sei.
1890: Nebelsignal geändert: keine Kanonenschüsse mehr. Nebelsignale jetzt mit Sirene und Dampfpfeife. Auf einen 9 sek langen Ton mit der Dampfpfeife folgt eine Pause von 12 sek, darauf ein 9 sek langes Signal mit der Dampfpfeife. Wiederkehr 2 min.
November: Feuerschiffe führen die deutsche Handelsflagge.
Die Bürgerschaft entscheidet sich für den Bau eines neuen Feuerschiffes für die äußere Elbposition. Es soll aus Eisen sein und dem Weser-Feuerschiff entsprechen, mit dem gute Erfahrungen gemacht worden sind.
1891: 19. Juni: *Elbe 1* von Station zwecks Überholungsarbeiten. – 3. Juli: Leuchtschiff wieder ausgelegt

Leuchtschiff Bürgermeister Kirchenpauer

Bauwerft: John Lange
Bauort: Vegesack
Baumaterial: Eisen
Baunummer: 340
Größe: 265 BRT
Länge: 40 m
Breite: 7,05 m
Seitenhöhe: 4,50 m
Tiefgang: 3,00 m
Bauart: Dreimastschoner
Feuerhöhe über dem Wasser: 11,5 m
Kennung: 1 weißes Blinkfeuer,
alle 20 sek ein Blink von 8 sek Spiegelung
Sichtweite: 8 sm
Tagzeichen: Ball im Großtopp
Baukosten: 162000 Mark
Auf Station von *Elbe 1*: von 1892 bis 1912
(1901:54°0,3'N, 8°15'O)

Schicksal:
Das Leuchtschiff wurde weiter in der Elbmündung verwendet und am 5. 9. 1945 an das Seezeichenamt Wilhelmshaven abgegeben. Am 11. 11. 1953 zum Verschrotten verkauft.

Leuchtanlage:
Drehfeuereinrichtung, bestehend aus 9 mit kardanisch aufgehängten und in einer verglasten, am Großmast aufziehbaren Laterne durch ein unter Deck stehendes Gewichtsuhrwerk gedrehte Parabolspiegellampen. Der Hohlspiegel bestand aus geglättetem und versilbertem Kupferblech. Die Lichtstrahlen, die von der im Brennpunkt stehenden Flamme des Rübölbrenners auf sie fielen, wurden in einem Bündel nach der Kimm geworfen. Die Feuereinrichtung bestand aus 3 Gruppen zu je 3 Leuchten, die in zwei Ebenen angeordnet waren. Sie sandten 3 Strahlen aus, die durch Drehung ihres Aufhängeringes die Blinkkennung hervorriefen.
Um bei einer Störung in der Drehvorrichtung des Blinkfeuers schnell ein auffällig gekennzeichnetes Ersatzlicht zeigen zu können, hatte das Feuerschiff eine aufziehbare Laterne mit Fresnelscher Gürtellinse an Bord. Über die Linse war ein in Führungen beweglicher Blechzylinder gestülpt, der von Deck mittels einer Leine gehoben und gesenkt werden konnte.

Nebelsignale:
(Leuchtfeuerverzeichnis 1901): Bei Nebel oder unsichtigem Wetter: Signale mit einer Dampfsirene und einer Dampfpfeife wie folgt:
Nach einem 9 sek langen Ton mit der Sirene folgt eine Pause von 12 sek und darauf ein 9 sek langes Signal mit der Dampfpfeife. Dieses Signal wird nach einer Pause von 2 min in derselben Reihenfolge wiederholt.
Kanonenschüsse zur Warnung für Schiffe bei gefahrbringendem Kurs.

Rettungsstation (Boot)
Mit dem Schiffszimmermeister Helmer Behrens in Emden und Johann Lange in Vegesack wurde bereits 1819 um den Bau eines Signalschiffes verhandelt. Lange versprach, innerhalb von 3 Monaten ein Schiff zu bauen (72 Fuß lang, 19½ Fuß breit, 10 Fuß tief, Groninger Maß).

Drehfeuereinrichtung auf Bürgermeister Kirchenpauer

1869 wird das feste Feuer auf *Elbe 1* in ein weißes Blinkfeuer mit einer Kennung von 8 sek hell, 12 sek dunkel verwandelt. Die dafür benötigte Drehfeuereinrichtung, bestehend aus 9 mit Petroleum gespeisten, kardanisch aufgehängten und in einer verglasten, am Großmast aufziehbaren Laterne durch ein unter Deck stehendes Uhrwerk gedrehten Parabolspiegellampen, wird für die Feuerschiffe *Bürgermeister Kirchenpauer* und *Neptun* aus England bezogen. In 3 Gruppen zu je 3 Leuchten, die in zwei Ebenen angeordnet sind, senden sie 3 Strahlenbündel aus.

Um bei einer Störung in der Drehvorrichtung des Blinkfeuers schnell ein auffällig gekennzeichnetes, wenn auch schwächeres Ersatzlicht zeigen zu können, hat das Feuerschiff der äußersten Station eine aufziehbare Laterne mit Fresnelscher Gürtellinse und mit einer schnell zu ersetzenden Kerze als Lichtquelle an Bord.

Über ihre Linse ist ein in Führungen beweglicher Blechzylinder gestülpt, der von Deck aus mittels einer Leine gehoben und gesenkt werden kann und die Kennung des wirklichen Feuers zu geben gestattet.

Chronik (1892 bis 1912)

1893: Das Anlegen von Schiffen und Booten an das auf Station befindliche Feuerschiff wird streng untersagt.
1899: Professor Braun aus Straßburg unternimmt auf dem Leuchtschiff *Elbe 1* erste Versuche mit drahtloser Telegraphie.
1902: 31. Oktober: Die Funkentelegraphieanlage wird ausgebaut.
1903: 21. August: Hamburg übernimmt die von Prof. Braun aus Straßburg entwickelte Anlage. Die Kosten für Dampfmaschine, Stromquelle und Mastverlängerung betragen 11000 Mark.
1904: Nebelsignal geändert. An Stelle der Dampfpfeife tritt das Nebelhorn.
1. Februar: Das Leuchtschiff erhält eine FT-Anlage und ist nun ständig mit Land verbunden. Dem Feuerschiff zukommende Mitteilungen werden an die Anlage der Kaiserlichen Marine in Cuxhaven weitergeleitet.
Dezember: Kollision mit dem Dampfer *Skandia*. Der Schaden am Feuerschiff ist gering.

1905: Nebelsignal geändert: Nach einem 9 sek langen Ton mit der Sirene folgt eine Pause von 12 sek, darauf ein 9 sek langer Ton mit dem Dampfhorn. Dieses Signal wird nach einer Pause von 80 sek wiederholt. Kann das Signal nicht sofort abgegeben werden, treten an dessen Stelle zweimal kurz hintereinander je vier langtönende Glockenschläge.
Es beginnen Versuche mit einer Unterwassersignalanlage mittels einer außenbords ausgehängten Glocke; die Signale werden auf Anforderung durch mit Empfängern ausgerüstete Schiffe abgegeben.
Dezember: Kollision mit dem Dampfer *City of Malaga*. Eine Seeamtsverhandlung findet nicht statt. Der angerichtete Schaden am Feuerschiff ist unbedeutend.

Auszug aus dem Leuchtfeuerverzeichnis (1901).

Laufende No.	Name und Oertlichkeit	Geograph. Br.: N Lg.: O	Zahl, Farbe und Art der Feuer	Höhe des Feuers über Hochwasser	Höhe des Thurmes etc. über Erdboden	Sichtweite	Laufende No.	Gestalt, Farbe des Leuchtfeuergebäudes oder Schiffes	Bemerkungen
	Elbe.*)								
		° ′ ″		m	m	Sm			
187	**Elbe No. I,** Feuerschiff auf 22 m Wasser in der Richtungslinie: „Scharhörn-Bake in Ostbake auf Neuwerk".	54 0,3 8 15,0	1 **w. Blk-F.,** alle 20 sek ein Blink von 8 sek. Spieg. (am Grofsmast.)	11,5	.	8	187	Dreimastiges, r. Schiff mit dem Namen „Elbe I" in w. Buchstaben auf beiden Seiten; s. Ball im Grofstopp.	Ankerlaterne. Bei Nebel oder unsichtigem Wetter: Signale mit einer Dampfsirene und einer Dampfpfeife wie folgt: Nach einem 9 sek langen Ton mit der Sirene folgt eine Pause von 12 sek und darauf ein 9 sek langes Signal mit der Dampfpfeife. Dieses Signal wird nach einer Pause von 2 min in derselben Reihenfolge wiederholt. Kann das vorstehende Signal aus irgend einem Grunde oder bei plötzlich eintretendem Nebel nicht sofort abgegeben werden, so treten an dessen Stelle zweimal kurz hintereinander je vier langtönende Glockenschläge, welche in Pausen von 2 min wiederholt werden. Wenn vertrieben: bei Nacht kein Feuer, bei Tage keinen Ball im Grofstopp. Kanonenschüsse zur Warnung für Schiffe bei gefahrbringendem Kurs. Rettungsstation (Boot).

Leuchtschiff Caspar *in schwerer See. Es mußte häufiger die Station verlassen, als den Oberen lieb war.*

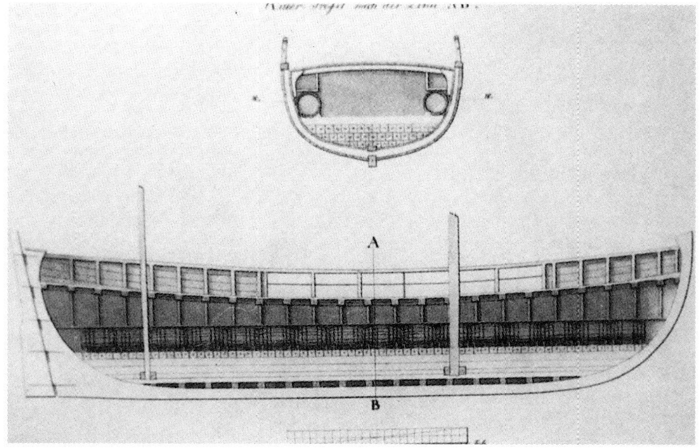

Das Modell eines Leuchtschiffes, wahrscheinlich erstellt vom Schiffbaumeister von Somme, wird nicht gebaut, statt des Ballastes erhält es eine sogenannte Heringsbüse, die sich dann doch nicht bewährt.

Von Somm'sche Schiffswerft auf dem Großen Grasbrook um 1850. Von Somme baute die Elbefeuerschiffe Caspar *und* Jacob Hinrich.

Auf dem Bild rechts sieht man die Petroleum-Optik des Feuerschiffes Gustav Heinrich. *Die Lampen befinden sich gegen Unwetter geschützt in einem Glashäuschen, das am Tage im Rundbau ruht, nachts am Mast aufgewunden wird. Das untere Bild zeigt das Drehfeuerblinkgerät des Feuerschiffes* Bürgermeister Kirchenpauer.

Leuchtschiff Caspar *tat bis 1879 Dienst auf der äußersten Lotsenstation, danach lange Zeit auf Position »Elbe 2«. Ein Lotse soll übergesetzt werden. So hat sich das Hans Bohrdt vorgestellt. 1890. Bild hängt im Museum für Hamburgische Geschichte.*

△ Bürgermeister Kirchenpauer *auf Station »Elbe 1«*

◁ *Feuerschiffsmatrose im Ersten Weltkrieg.*

Feuerschiff Neptun, *auf Station »Elbe 4«, lag nur kurze Zeit auf der äußersten Feuerschiffs-position. Das erste eiserne Leuchtschiff auf der Elbe bewährte sich in der Mündung nicht.* ▽

Feuerschiff Bürgermeister O'swald *bei der Ablösung durch Feuerschiff* Norderney, *ein fast symbolhaftes Bild.*

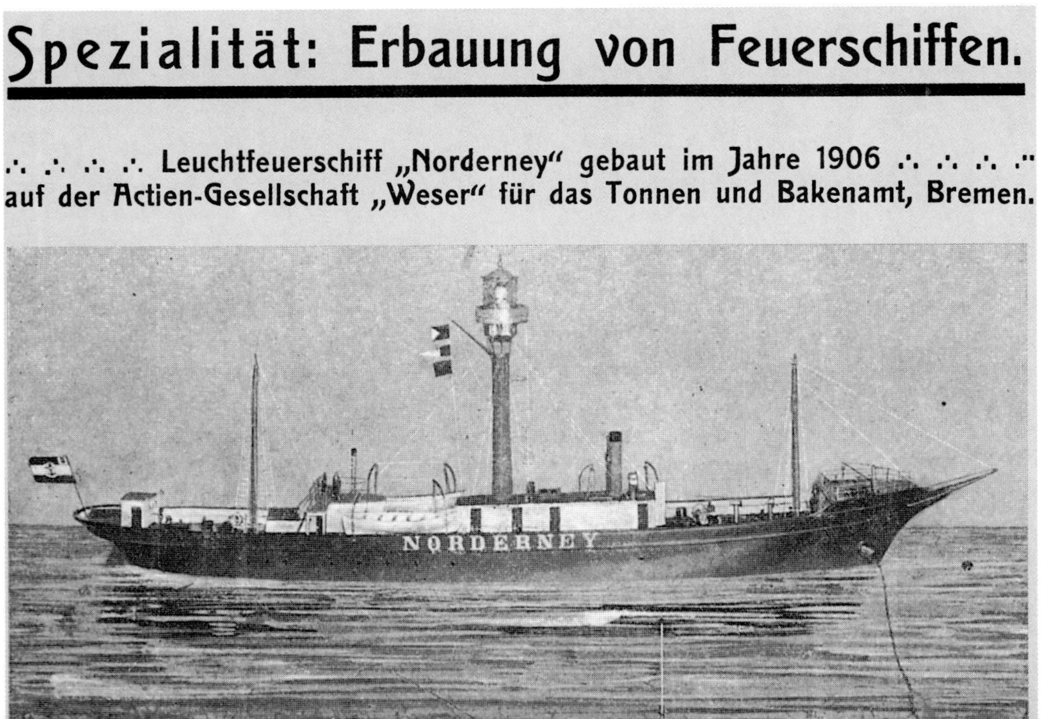

Spezialität: Erbauung von Feuerschiffen.

.·. .·. .·. .·. Leuchtfeuerschiff „Norderney" gebaut im Jahre 1906 .·. .·. .·. .·.
auf der Actien-Gesellschaft „Weser" für das Tonnen und Bakenamt, Bremen.

Mit dieser Anzeige warb die Werft für ihr Schiffbauprodukt im »Nauticus« 1941.

Bürgermeister O'swald *links und davor* Norderney I.

Feuerschiff Bürgermeister O'swald *auf Station*.

Blick in den Maschinenraum des Feuerschiffes, Hauptmotor.

Elbe 1, *gesunken am 27. Oktober 1936.*

Feuerschiff Bürgermeister O'swald *wird in den Hafen gebracht. Die Maschine ist zwar mit 650 PS stark genug, um das Schiff vorwärts zu bewegen, aber zu schwach, um das Feuerschiff zu manövrieren.* ▷

Feuerschiff H *mit zerstörtem Bugspriet um 1944.*

Kapitän Friedrich Lösekann, der beim Untergang des Feuerschiffes Elbe 1 *mit den vierzehn Mann seiner Besatzung den Seemannstod starb.* ▷

Unten rechts: Die neue Elbe 1, *fertiggestellt im November 1948, nach 10jähriger Bauzeit im Werfthafen von J. L. Meyer Papenburg.*

Entscheidende Stunden nach der Kollision: Bleibt das Feuerschiff schwimmfähig oder nicht? Der achtere Mast ist umgebrochen, der Maschinenraum voll Wasser.

Es ist geschafft. Zwischen zwei Hilfsschiffen aufgefangen, wird das Feuerschiff sicher nach Cuxhaven in die Werft gebracht.

Das Feuerschiff Bürgermeister O'swald *im ungewohnten Farbkleid. Das Schiff hat hier noch die Originalbrücke.*

Was keiner nach der schweren Kollision für möglich hielt: Das Feuerschiff wurde wieder hergerichtet, erhielt einen neuen Motor und nahm seinen Dienst in der äußeren Elbmündung wieder auf.

Über tausend Stunden haben Matrosen mit bangen Herzen an den Radargeräten gesessen, wenn sich wieder ein fremdes Schiff zu nahe an die Ansteuerungsposition des Feuerschiffes wagte.

Die Kombüse des Feuerschiffes.

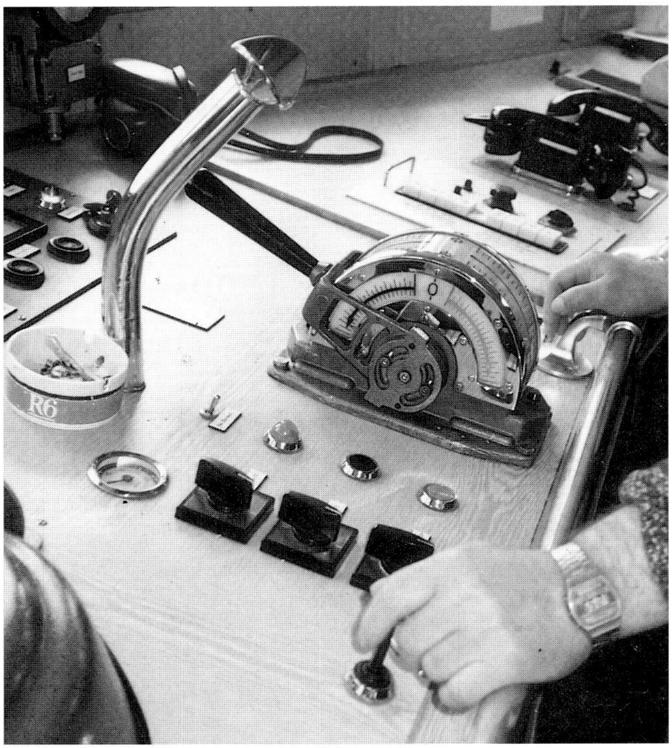

◁ *Der kleine Hebel ersetzt das Steuerrad des Schiffes.*

Blick auf die große Glocke der Bürgermeister O'swald *während der letzten Reise des Schiffes.*

Kapitän Hans-Hermann Doose am Kommandopult auf der letzten Reise der Bürgermeister O'swald.

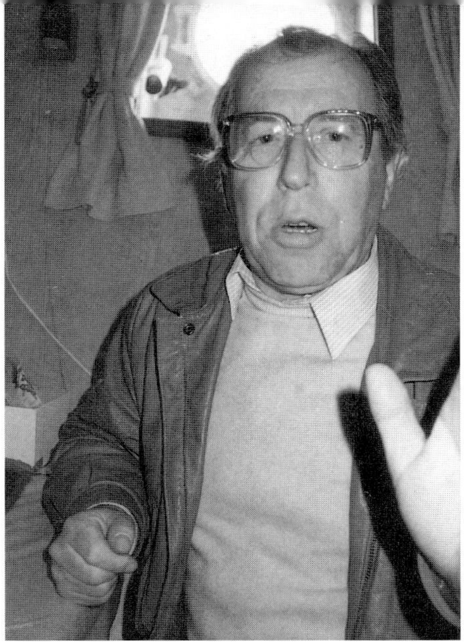

Ein »Ehemaliger« für alle, die den schweren Dienst auf der äußersten Elbposition verrichteten: Helmut Ehmke.

Der Vorstand des Fördervereins Schiffahrtsgeschichte Cuxhaven – Feuerschiff Elbe 1 *e. V. mit Franz Bullmann, Heinrich Homann und Rainer Heinsohn beim Rundgang.*

Der Autor auf dem Tonnenleger Konrad Meisel *beim Einholen des Feuerschiffes in seinen Heimathafen Cuxhaven.*

Die letzten Minuten draußen in der Elbmündung auf Station. Schon ist der Anker kurzgehievt.

Unbemanntes Feuerschiff Elbe *auf der Traditionsstation. Ein schwimmender Hohlkörper, vollgestopft mit Elektronik.*

Kapitän fordert besseres Leuchtfeuer

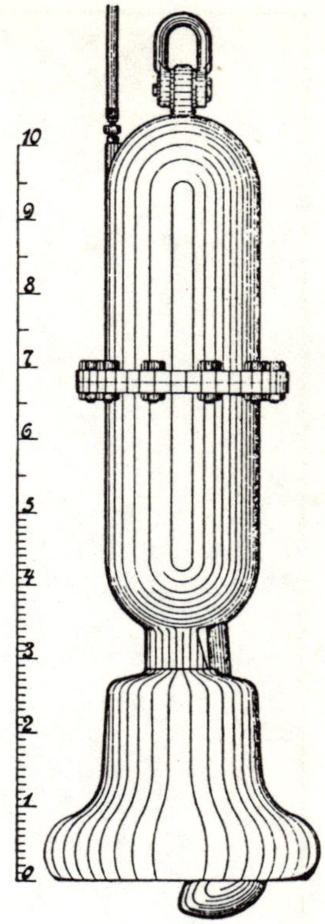

Unterwasserglocke. Auf Veranlassung der Nautischen Abteilung des Reichs-Marineamtes wurden bereits im Jahre 1895 Versuche damit auf dem Wannsee unternommen.

1906: Kapitän Hanssen vom Dampfer *Tucuman* fordert in einem Brief, gerichtet an die »HANSA« (Deutsche Nautische Zeitschrift), am 27. Februar eine Verbesserung der Befeuerung des Elbfahrwassers und schreibt: »Obgleich in den letzten Jahren sehr viel für die Verbesserung und Befeuerung des Elbfahrwassers geschehen ist, so sei es mir dennoch gestattet, auf ein Feuer hinzuweisen, dessen Verbesserung und Verstärkung wohl von den meisten Schiffsführern und Lotsen, die die Elbe ansteuern, für nötig erachtet und wohl von allen mit Freuden begrüßt werden würde. Es handelt sich um *Elbe 1.* Dasselbe soll doch in erster Linie als Leit- und Ansteuerungsmarke dienen. Als Ansteuerungsmarke für ein so wichtiges, viel benutztes und keineswegs ungefährliches Fahrwasser wie die Elbmündung mit ihren vielen Bänken und Sänden ist aber meines Erachtens ein Feuer von nur 8 Seemeilen Sichtweite durchaus ungenügend, zumal bei der großen Häufigkeit der in der deutschen Bucht herrschenden unsichtigen Luft. 8 Seemeilen soll laut Feuerbuch und Karte der Blink zu sehen sein bei klarer Luft, auf keinen Fall aber ist er es, wenn es auch nur ein wenig unsichtig ist von Regen, Hagel, Schnee oder häsiger Luft. Dicker Nebel, den auch das beste Feuer nicht zu durchdringen vermag, kommt nicht in Betracht. Aber bei einer Luft, bei der man Borkum- und Weserfeuerschiff in 6 Seemeilen Abstand in Sicht

Vor Anker liegendes Feuerschiff mit heruntergelassener Unterwasserglocke.

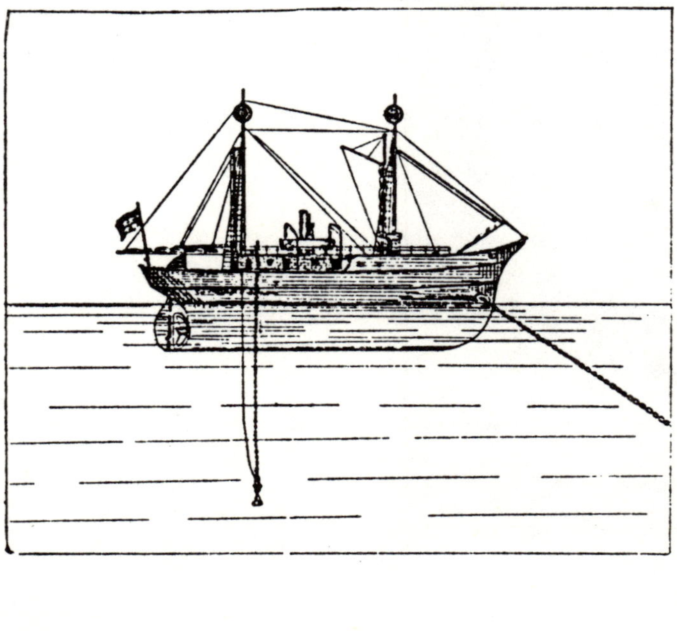

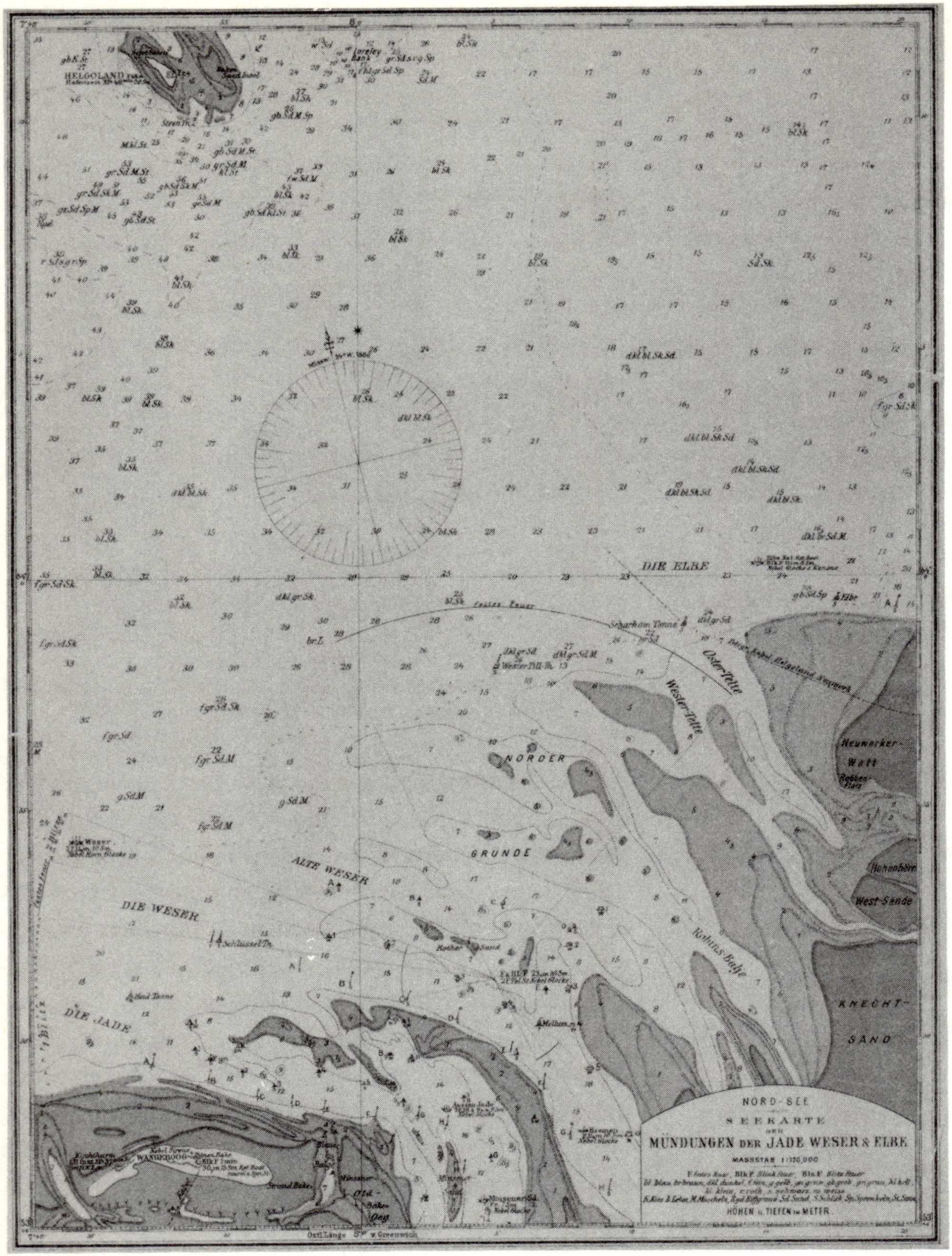

Seekarte der Mündungen der Jade, Weser und Elbe aus dem Jahr 1890, entnommen dem Buch »Zur See«. Auf Station »Elbe 1« liegt das Leuchtschiff Bürgermeister Kirchenpauer, *versehen mit einem Rettungsboot.*

bekommt, sollte man mindestens dasselbe doch auch von der Elbe-Ansteuerungsmarke erwarten dürfen. Man wird einwenden, daß sich bei der Ansteuerung der Elbe meistens ein Lotse an Bord befindet, aber wie oft kommt es vor, daß man, sei es, daß die Lotsen alle versetzt waren, was Anfang der Woche häufiger passiert, oder einen Lotsenschoner nicht in Sicht bekam, oder daß das Versetzen schlechten Wetters halber ausgeschlossen war.

Mit Recht fragt man sich, wenn andere Flüsse wie Weser, Schelde, Themse usw. ihre ganz vorzüglichen Ansteuerungsmarken bei Nacht auch zumeist in Gestalt von Feuerschiffen mit Sichtweiten von 10 bis 14 Seemeilen haben, warum behandelt man die Elbe so stiefmütterlich mit ihrem Riesenverkehr?

Sollte da nicht eine Stadt wie Hamburg in reinem internationalen Interesse dafür Sorge tragen, daß Deutschlands frequentiertester Strom ein ordentliches Ansteuerungsfeuer erhält? Funkentelegraphie und Unterwasser-Glockensignale sind recht schöne Einrichtungen, kommen aber doch nur für eine verschwindend kleine Anzahl Schiffe in Betracht. Meines Erachtens sind die Gelder für den Einbau des Unterwasser-Glockensignals besser angelegt, wenn man damit das jetzige schwache Blinkfeuer in ein elektrisches Gruppenblitzfeuer von mindestens 14 Seemeilen Sichtweite verwandeln wollte.«

Modernes Empfangsgerät für Unterwasserglockensignale auf der Kommandobrücke eines Dampfers. Die Signale konnten auf Entfernungen von 7 sm wahrgenommen werden, heißt es.

Vollschiff Pengwern *strandet auf Scharhörn Riff*

1907: 13. Januar: In Sichtweite von Feuerschiff *Elbe 1* ist so manches Schiff gestrandet, untergegangen mit Mann und Maus, wie es in den alten Berichten trefflich heißt. Ohne Elblotsen näherte sich das englische Vollschiff *Pengwern* der Elbmündung und passierte das äußere Feuerschiff in den frühen Morgenstunden. An Deck des Feuerschiffes befand sich der Steuermann. Er gab folgenden Bericht zu Protokoll:
»Der Wind war NW, steif, die Luft klar und sichtig. Ich beobachtete in NNW vom Leuchtschiff einen Vollrigger, der vor Untermarssegel die Elbe ansteuerte. NO vom Leuchtschiff und in geringer Entfernung davon dreht das Schiff über Bb-Bug bei, mit dem Kopf also nach Süd. Nachdem die *Pengwern* eine kleine halbe Stunde in dieser Lage getrieben hatte, wurde vor den Wind gehalten, sie drehte aber bald wieder mit dem Kopf auf Süden auf, so daß ich annahm, sie hätte Grund berührt.«
Um 8.29 Uhr alarmierte das Leuchtschiff die Behörden in Cuxhaven mit folgendem Telegramm: »Ein Vollschiff anscheinend auf Scharhörnriff gestrandet. Ein Fischdampfer und Schlepper *Vulkan* sind in der Nähe.«
Der Steuermann des Feuerschiffes berichtet weiter:
»Um 9.35 Uhr brach das Schiff durch, die Mannschaft flüchtete in die Masten, diese fielen über Bord, und von der *Pengwern* war nichts mehr zu sehen. Ein Boot konnte nicht ausgesetzt werden. Wir mußten rat- und tatlos zusehen. Es ist uns sehr schwer geworden.«
25 Seeleute starben an diesem Vormittag unweit von *Elbe 1.* Nur der Bordhund wurde gerettet. Als der Schlepper *Vulkan* in der Nähe des gestrandeten Schiffes war, warf ein Besatzungsmitglied den Hund auf das Deck des Schleppers.
Der Ruf wurde laut, auf *Elbe 1* eine Rettungsstation einzurichten, aber die Vorschläge und Anregungen wurden nicht weiter verfolgt.

1907: 3. März: Auf dem Leuchtschiff *Elbe 1* ist die Abgabe von Unterwasserglockensignalen bei jedem Wind und Strömung nicht sichergestellt. Auf sicheres Funktionieren kann somit nicht gerechnet werden.
22. Mai: Von Station zwecks Überholung
26. Juni: Wieder ausgelegt

1908: 22. April: Von Station
23. Mai: Wieder ausgelegt
1. September: Hamburg übernimmt die Unterwassersignalanlage. Kennung: Gruppe von 4 in Abständen von 3 min aufeinander folgenden mehrfachen Glockenschlägen. Zwischen den Gruppen liegt eine Pause von 12 min.
Wenn ein Dampfer die Unterwassersignale testen will, so hat er diese Absicht durch Setzen einer Sonderflagge (weiße Flagge mit gelber Glocke) anzumelden.
11. November: *Bürgermeister Kirchenpauer* von Station infolge Bruch der Ankerkette
11. November: Wieder ausgelegt

1909: Kollision mit dem Dampfer *Graf Waldersee.* Der Schaden am Feuerschiff ist gering. Eine Seeamtsverhandlung findet nicht statt.

Feuerschiff im Sturm

»Wenn am Abend graugelbliche Wolken am Horizont und ein leise pfeifender Ton in den Wanten eine Sturmnacht ankünden, dann heißt es doppelt wachsam auf dem Feuerschiff zu sein. Die Laternen werden geheißt. Leise fängt das Schiff zu rollen an. Aus Wellen werden Wogen, aus Wogen weiße Sturzkämme. Immer gewaltiger wird der Ruck in der Ankerkette, die am mächtigen Pilzanker gefesselt ist. Je kürzer die Kette, um so stärker der Stoß. Um ihn zu mildern, entschließt sich der Kapitän, Kette zu stecken, d. h. sie zu verlängern. Rasselnd sausen einige Faden in die Tiefe. Sofort werden die Stöße schwächer, da der vorherige rasche Zug durch das langsame Sichheben der langen, schweren Kette auf diese verteilt wird und so an Stärke verliert. Eine solche Kette ist natürlich vorher auf ihre Zugfestigkeit geprüft. Nur wenn eine Verwerfung, ein sogenannter Törn, in sie kommt, bricht sie durch Hebelwirkung der Kettenglieder auf der Stelle. Um dies zu vermeiden, haben die Ketten der hamburgischen Feuerschiffe sehr kurze Glieder und damit noch den Vorteil, daß durch Ineinanderfallen der Glieder keine erhöhte Ruckgeschwindigkeit herauskommen kann. Die Folge dieser Anordnung ist, daß bisher nur ein hamburgisches Feuerschiff durch Reißen der Kette seinen Ankerplatz verlassen mußte, während die preußischen Leuchtschiffe mit ihren langgliedrigen Ketten in der Nordsee trotz aller sonstigen Vorsichtsmaßregeln öfters vertrieben sind.

Der Sturm wird zum wütenden Orkan. Da, plötzlich blitzt durch die Nacht eine Rakete auf, da noch eine! Ein Schiff in Seenot! Scharfe Kommandos schallen über Deck. Wieder wird das Großboot aus den Davits geschwungen. Vier Männer springen hinein. Das alte Wikingsegel wird geheißt, und nach wenigen Minuten ist das Rettungsboot zwischen den weißen Wellenkämmen im Dunkel der Nacht verschwunden.«

An dieser Stelle bricht der Bericht von F. Dannmeyer ab, so daß ungewiß ist, ob das Boot wiederkehrt, mit oder ohne Schiffbrüchige.

Das Lied der Elbe 1

Der Berliner Maler und Bildhauer Ulrich Nitschke verbringt mehrere Wochen auf dem Feuerschiff *Bürgermeister Kirchenpauer,* zusammen mit Melchior von Hugo. Alfred Lichtwark, Direktor der Hamburger Kunsthalle, hat sich für die beiden beim Hamburger Senat eingesetzt. Das kommt nicht von ungefähr. Lichtwark möchte, daß die Maler der Stadt mehr Hafenbilder produzieren, und sagt: »Wer sich den Hafen aussucht, die Schiffe, die Werften, Barkassen, das Wasser, der muß sein Atelier mittragen, denn gerade das Wasser in Verbindung mit dem Himmel ergibt mehr, als ein Maler jemals malen kann.«

Die »Deutsche Allgemeine Zeitung« bringt 1936 einen Ausschnitt aus den Lebenserinnerungen des Malers Nitschke:

»Wir wollten draußen auf der See Studien malen, aber das war, wie sich bald herausstellte, ein fast unmögliches Unterfangen. Wir hatten zwar eine Menge Malpappen mit an Bord genommen, aber was war das für ein Problem, unsere wackligen Feldstaffeleien auf dem glatten Deck festzumachen, und noch schwieriger war es, die Malgründe im Winde auf der Staffelei zu behalten. So resignierten wir bald, verlegten uns aufs Zeichnen.

Wir waren in der Kapitänskajüte sehr gut untergebracht worden. Das war ein kleiner, überaus anheimelnder Salon, in dem alles sehr festgemacht war – nur die Lampe über dem Tisch war immer in Bewegung. Rechts und links lagen die kleinen Schlafkojen, die durch einen Vorhang zu schließen waren. Der Kapitän schlief rechts, wir schliefen links übereinander. Vorderdecks befand sich eine Kabine der aus acht Mann bestehenden Besatzung. Es war ein großer, etwas dunkler Raum, denn das Licht fiel nur von oben hinein. Ringsum an den Wänden waren die schmalen Kojen. Da saßen wir oft bei den Jungens von *Elbe 1*, die uns in ihrem behaglichen Platt allerlei Seegeschichten erzählten. Die Leute waren fast sämtlich aus Cuxhaven und freuten sich immer auf die nächste Wachablösung. Wie oft wird das Feuerschiff den Hafen suchenden Schiffen eine sichere Einfahrt oder gar Rettung bedeutet haben. Aber damals, an jenen Sturmtagen, kam kaum ein Schiff vorbei. In einer schauerlichen Einsamkeit, inmitten der tobenden See lag *Elbe 1* an seiner langen Eisenkette fest. Besonders schlimm wurde der Wellengang dann, wenn die einsetzende Ebbe vereint mit dem abfließenden Wasser der Elbe sich dem Sturm entgegenwälzte, dann wurden die Wellen noch länger, dreimal so lang als das Schiff waren sie oft. Phantastisch und unheimlich wüteten die Gischtberge der sich überschlagenden Wellenkämme gegen das Schiff.

Zerschlagen und zermürbt legten wir uns nächtens in die schmale Koje. Mit mahlenden Gedärmen lagen wir meist noch lange wach und schauten offenen Auges den umherirrenden Lichtstrahlen der Tischlampe zu. Oder, das Ohr nahe der dünnen eisernen Schiffswand, fühlten wir geradezu den Druck der ungeheuren Wassermassen auf dem Schiffskörper. Wir hörten, wie die Wellen daran auf und nieder orgelten oder wie sie sich auf das Deck stürzten. Und über das ganze Schiff hin war die Klagemelodie des gefesselten Schiffes zu hören. Wir nannten es »das Lied der *Elbe 1*«. Die aufeinanderfallenden Kettenglieder der Ankerkette sangen es, wenn der Bug von einem Wellenberg in das Wellental hinunterkippte. Einmal sang die *Elbe 1* zweistimmig. Da hatte sich der Klöppel der Schiffsglocke gelockert und läutete dazu. Dann hörten wir auch manchmal den Kapitän aufstehen, die kleine Treppe sich hinauftasten, die kleine Tür zurückschieben und dann wußten wir, er stand bei seinen Männern und wachte mit ihnen über sein Schiff und uns.«

1910: Aus dem Buch »Yachtbau und Yachtsegeln« über die beste Möglichkeit, bei auflandigen Stürmen in die Elbmündung einzusegeln:
»Wenn es möglich ist, peile man Helgoland und bestimme gleichzeitig den Abstand von der Insel. Von diesem sicheren Besteckpunkt aus setze man seinen Kurs auf Feuerschiff *Elbe 1,* stets lotend, den Grund beobachtend und auf den Strom achtend. Bei unsichtigem Wetter suche man südöstlich von Helgoland Tiefen von 23 bis 24 m auf dunkelblauem Schlick. Dann fühle man sich auf ungefähr denselben Tiefen und auf der gleichen Grundart nach dem Feuerschiff *Elbe 1* hin, in dessen Nähe man ist, sobald die Tiefen auf sandigem Schlick bis zu 19 und 17 m abnehmen. Von dort steure man von Feuerschiff zu Feuerschiff weiter. Die beste Zeit zum Einsegeln ist mit dem ersten Drittel der Flut. Die Elbe-Lotsenfahrzeuge, die zwischen Elbmündung und Helgoland kreuzen, sind weißgestrichene Gaffelschoner mit Hamburger Staatsflagge unter rotem Stander am Großstengetopp. Sie haben das Wort ›Elbe 1–7‹ im Schonersegel und die Reichsdienstflagge an der Gaffel. Die Ebbe läuft im ganzen länger als die Flut. Zwischen Feuerschiff *Elbe 1* und *4* läuft der Flutstrom in südöstlicher Richtung etwa 5½ Stunden mit 1,5 bis 2,8 Knoten Geschwindigkeit, der Ebbestrom in nordwestlicher Richtung ungefähr 7 Stunden mit 2,4 bis 3,6 Knoten Geschwindigkeit.«

1910: 17. Februar: *Elbe 1* erhält eine Morseblinklaterne für Nachtsignale. – 5. September von Station wegen Ausbesserungsarbeiten. – 12. Oktober wieder ausgelegt.

Marine-Station auf Elbe 1

Schon im März des Jahres 1907 wird beschlossen, daß im Falle einer sich anbahnenden kriegerischen Entwicklung auf dem Feuerschiff *Elbe 1* vier rote Lampen am achteren Mast an einer Rah gesetzt werden sollen.

1910: März: Die Verdunklung der Feuerschiffe bei Kriegsgefahr wird geregelt. So soll der Signaloffizier auf dem Feuerschiff *Elbe 2* Meldungen an *Elbe 1* überbringen und entsprechendes Personal absetzen. Im Auftrag der Deputation protestiert der Lotsenkommandeur gegen diese Maßnahme der Marinebehörde mit der Begründung, eine Verdunklung der Leuchtfeuer wäre eine zu gefährliche Angelegenheit und würde die Sicherheit der Schiffe gefährden, auch der eigenen. Der Senat gibt erst nach, als die Marine verspricht, für aufkommende eventuelle Schäden zu haften. Schließlich einigen sich die Stellen auf die Formel, daß nur die nach außen gerichteten Sektoren verdunkelt werden sollen. Bereits 1909 ist versuchsweise Marinepersonal auf dem äußeren Elbefeuerschiff eingesetzt worden. Nach Auffassung der oberen Marineleitung sind in den letzten Jahren wiederholt fremde Fahrzeuge in deutschen Gewässern beobachtet worden, die sich auf Erkundungs- und Spionagefahrten befanden.

Die Marine strebt einen ständigen eigenen Posten auf *Elbe 1* an. Die Lotseninspektion wendet ein, daß auf den Feuerschiffen nur Leute eingesetzt werden, die mit der Seefahrt vertraut sind und ihre Militärzeit absolviert haben. Doch dieses Argument nutzt nichts.

20. April: Versuchsweise werden 1 Unteroffizier und 2 Mann auf *Elbe 1* stationiert. Sie unterstehen allerdings den jeweiligen Kapitänen des Leuchtschiffes. Für die Beköstigung muß die Marineverwaltung pro Tag und Mann 1 Mark zahlen.

1912: 1. Dezember: Für das im Mai auf Station gehende neue Feuerschiff strebt die Marine eine Verstärkung des Personals an. Die Deputation signalisiert ihr Einverständnis. Es ist genügend Platz an Bord, um die ins Auge gefaßten 5 Mann gut unterzubringen.

Aufgabe des Leuchtschiffes

1911: Dr. phil. F. Dannmeyer schreibt in seinem Buch über »Seelotsen-, Leucht- und Rettungswesen« folgenden Beitrag über die Aufgabe des Leuchtschiffes:

»Wenn es sich darum handelt, im Fahrwasser oder auf Untiefen des Meeres für die Schiffahrt Warn- und Zielpunkte zu schaffen, so legt man an solche Stellen schon seit Jahrhunderten ein festverankertes Leuchtschiff. Erst in neuerer Zeit vermag die Ingenieurkunst an flachen Stellen des Meeres, selbst im Sand, auf mächtigen Betonklötzen Leuchttürme zu errichten, wie z. B. den Rotesandleuchtturm an der Weser. Ob nun Turm oder Leuchtschiff, sie haben beide gemein, daß der Leuchtapparat, ihre Optik, bei jedem Wind und Wetter ohne die kleinste Störung arbeiten muß. Dies zu erreichen, ist in einem Feuerturm natürlich leichter als in einem Feuerschiff, da er ›fest und unerschütterlich‹ steht. Das Schiff bäumt sich dagegen vor seiner Ankerkette mit jeder Welle auf und nieder, bei Sturm reißt es wie ein wilder Stier an seiner doppelzölligen Fessel, nimmt dabei schwere Brechseen über, schlingert bis zu 40° seitwärts, daß die Kupferkessel aus den Herdlöchern fliegen und Mannschaften, die an der einen Seite des Tisches saßen, sich plötzlich an der anderen wiederfinden, aber trotz alledem: Die Leuchte muß auf jeden Fall brennen.

Dies technisch möglich zu machen, ist Aufgabe der Wissenschaft, es unter den obwaltenden schweren Umständen zu erhalten, Aufgabe der Besatzung.

Kaum ist es hinreichend hell geworden, so werden auf dem Leuchtschiff die Lampen heruntergefiert. Es sind einfache Petroleumbrenner, die durch Hohlspiegel oder durch eine Fresnelsche Gürtellinse verstärkt werden, da das Petroleum noch immer das sicherste, wenn auch nicht hellste Licht für unsere Seefahrt liefert. So hat das Elbefeuerschiff 1 eine Petroleumoptik, die schon im Jahre 1783 patentiert worden ist, also schon fast 1½ Jahrhunderte ihren Dienst tut. Es wird in neuerer Zeit auf Leuchtschiffen und Landstationen zwar durch die bedeutend helleren Gasglühlichter und durch das gewaltige weiße elektrische Bogenlicht verdrängt. Diese haben aber auf Grund einwandfreier Zeugen den großen Nachteil, bei verhältnismäßig leichtem Nebel bedeutend schneller (ja fast augenblicklich) zu verschwinden als das gelbrote Petroleum- und auch elektrische Kohlefadenlicht. Daher sagt auch der Seemann: ›Petroleumlicht ward bi Nebel jümmers heller!‹ Er meint damit, daß der Lichtschein an Umfang zunimmt. Will man also höhere Kerzenstärken haben, als das Petroleumlicht zu geben vermag, so bleibt nur übrig, gelbes elektrisches Flammenbogenlicht auf Leuchttürmen und Schiffen einzuführen. So wird denn auf dem neuen Elbeleuchtschiff *Elbe 1* eine gewaltige rundsichtige Flammenbogenoptik eingeführt, nachdem auf Kriegsschiffen und Unterseebooten die absolute Zuverlässigkeit der elektrischen Schiffskraftmaschinen und -akkumulatoren erwiesen ist.

Ein derartig ausgerüstetes Schiff bedarf selbstverständlich einer bedeutend sorgfältigeren Überwachung als ein Schiff mit Petroleumfeuer oder Gasglühlichtbrenner. Der Glühstrumpf verträgt selbst die schwersten Stöße ausgezeichnet und braucht nur alle 8 Tage ausgewechselt zu werden. Das ist darin begründet, daß die Optik in Doppelringen (kardanisch) aufgehängt ist. Zugleich wird dadurch erreicht, daß das Licht stets horizontal über die Wasser scheint und infolgedessen vermieden wird, daß der Lichtstrahl in Gestalt eines Blitzes oder Blinks, durch die sich die Kennungen der Feuerschiffe voneinander unterscheiden, nicht ins Wasser fällt. Es ist nicht das erste Mal, daß ein Schiff durch irrtümliche Wahrnehmung der Kennung eines Feuerschiffes auf Grund geriet.«

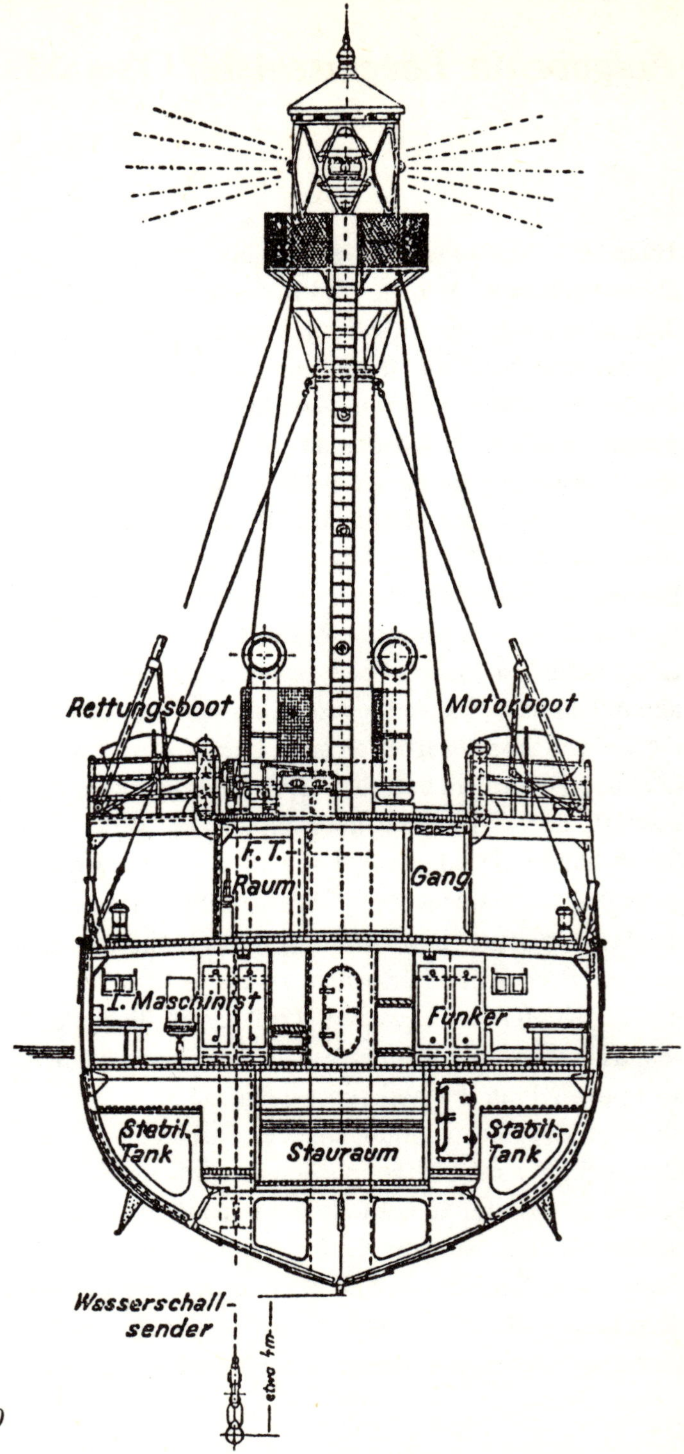

Querschnitt-Zeichnung Feuerschiff Elbe 1.

Feuerschiff Bürgermeister O'swald

Bauwerft: Nüscke & Co.
Bauort: Stettin
Baujahr: 1912
Baunummer: 223
Länge über alles: 52,70 m
Länge zwischen den Loten: 44,96 m
Breite auf den Spanten: 7,70 m
Höhe an der Seite: 5,29 m
Tiefgang: 4,00 m
BRT: 416

Maschinenanlage: Direkt umsteuerbarer 4 Zyl. Sulzer-Dieselmotor
Maschinenleistung: 220 PS bei 280 Upm
Geschwindigkeit: 9 kn
Höhe des Blinkfeuers: 16,2 m über dem Wasserspiegel
Sichtweite: 13 sm
Tragweite: 24 sm
Besatzung: 1 Kapitän, 2 Funker, 1 Maschinist, 1 Koch, 8 Matrosen und 2 Motorenwärter
Elektrische Lichtanlage: 1 Diesel-Dynamo 3 Zyl. 35 PS bei 450 Upm. Eine zweite Anlage als Reserve.

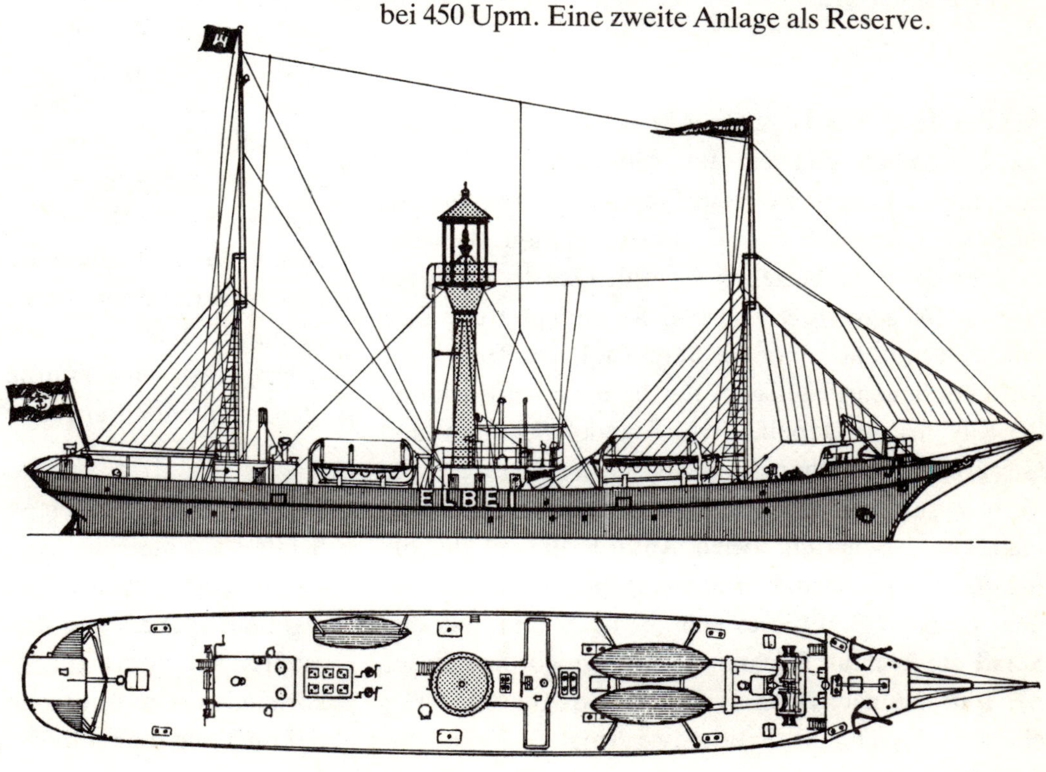

Erster Bauplan für das Feuerschiff Bürgermeister O'swald.

Preßluftanlage: 1 Kompressor, 2 gr. Luftbehälter. Eine zweite komplette Anlage als Reserve.
Weitere Ausrüstung: Signalscheinwerfer, Unterwasser-Glockensignalgeberanlage, Preßluftsignalanlage, Akkumulatorenbatterie.
Kennung der Sirenen bei Indienststellung: 9 sek hoher Ton, 12 sek Pause, 9 sek tiefer Ton, 60 sek Pause.
Kennung der Glocke: 4 Schläge in je 3 sek Folge, dann 12 sek Pause.
Bewaffnung: Im Ersten Weltkrieg mit einer 3,7-cm-Revolverkanone. Eingesetzt als Kriegsfeuerschiff *A*.
Schicksal: Feuerschiff *Bürgermeister O'swald* geht am 27. Oktober 1936 mit seiner 15köpfigen Besatzung im Sturm verloren.

*

Auf der Werft Nüscke & Co. Akt.-Ges., Stettin, lief am 20. Dezember 1911 ein für den Hamburger Staat bestimmtes Feuerschiff vom Stapel. Im Frühjahr des nächsten Jahres soll das Schiff seine Station, die erste Position der Elbe, beziehen. Es erhielt bei der Taufe den Namen *Bürgermeister O'swald.* So berichtet die Zeitschrift »Schiffbau« über den Stapellauf in Stettin.
Mit dem neuen Feuerschiff für die erste Außenstation der Elbe hat die Deputation für Handel, Schiffahrt und Gewerbe des Hamburger Senats eine äußerst wertvolle Verbesserung in der Markierung der Einfahrt nach Hamburg geschaffen. Allen Anforderungen, die die Schiffahrt und sonstige interessierte Kreise stellen können, ist beim Bau dieses Schiffes nach dem neuesten Stand der Technik Rechnung getragen worden. In seinen Einrichtungen ist das Feuerschiff so neuartig, daß es allerseits das lebhafteste Interesse erregt.
Der generelle Entwurf zu dem neuen Feuerschiff, der Kostenvoranschlag sowie die Ausführung aller umfangreichen Vorarbeiten, auf die sich solche Projekte aufbauen, sind von Herrn Zivil-Ingenieur H. E. Johns in Hamburg geliefert worden. Auf Grund einer öffentlichen Verdingung erhielt dann die Schiffswerft Nüscke & Co., Stettin, den Auftrag, den die Werft zur Zufriedenheit der auftraggebenden Behörde in der festgesetzten Lieferzeit ausgeführt hat. Das neue Schiff, das den Namen des verdienstvollen langjährigen Präses der Deputation für Handel, Schiffahrt und Gewerbe, Bürgermeister O'swald, erhalten hat, wird auf seiner Station weit draußen als Wahrzeichen dem Schiffer in der Nordsee den Weg zur Elbe zeigen.

Die wichtigste Einrichtung, die das Schiff seiner Bestimmung gemäß trägt, ist das große Leuchtfeuer. 16 m hoch über dem Wasserspiegel ist es auf einem turmartigen Mast in der Mitte des Schiffes aufgebaut, und zwar in kardanischer Aufhängung, so daß es durch Schwingungen des Schiffes im Seegang nicht beeinflußt wird. Zur Betätigung bei Nebel und anderen Witterungsverhältnissen, die das Gesehenwerden des Schiffes oder seines Feuers verhindern, ist eine Sirenenanlage eingebaut, die mit Preßluft betätigt wird. Eine Unterwassergeberanlage sowie eine Funkspruchanlage vervollständigen die Signaleinrichtungen, die das Feuerschiff an Bord hat.

Da in Anbetracht der exponierten Stationierung des Schiffes vor der Elbmündung der größte Wert auf absolute Betriebssicherheit und stete Betriebsbereitschaft des Leuchtfeuers und der Sirenenanlage gelegt wurde, mußten alle hierzu gehörenden Einrichtungen doppelt vorhanden sein, so daß für jedes Teil immer ein Ersatzteil zur Verfügung stand.

Feuerschiff Elbe 1: *Längsschnitt, Zwischendeck und Stauungsplan der* Bürgermeister O'swald.

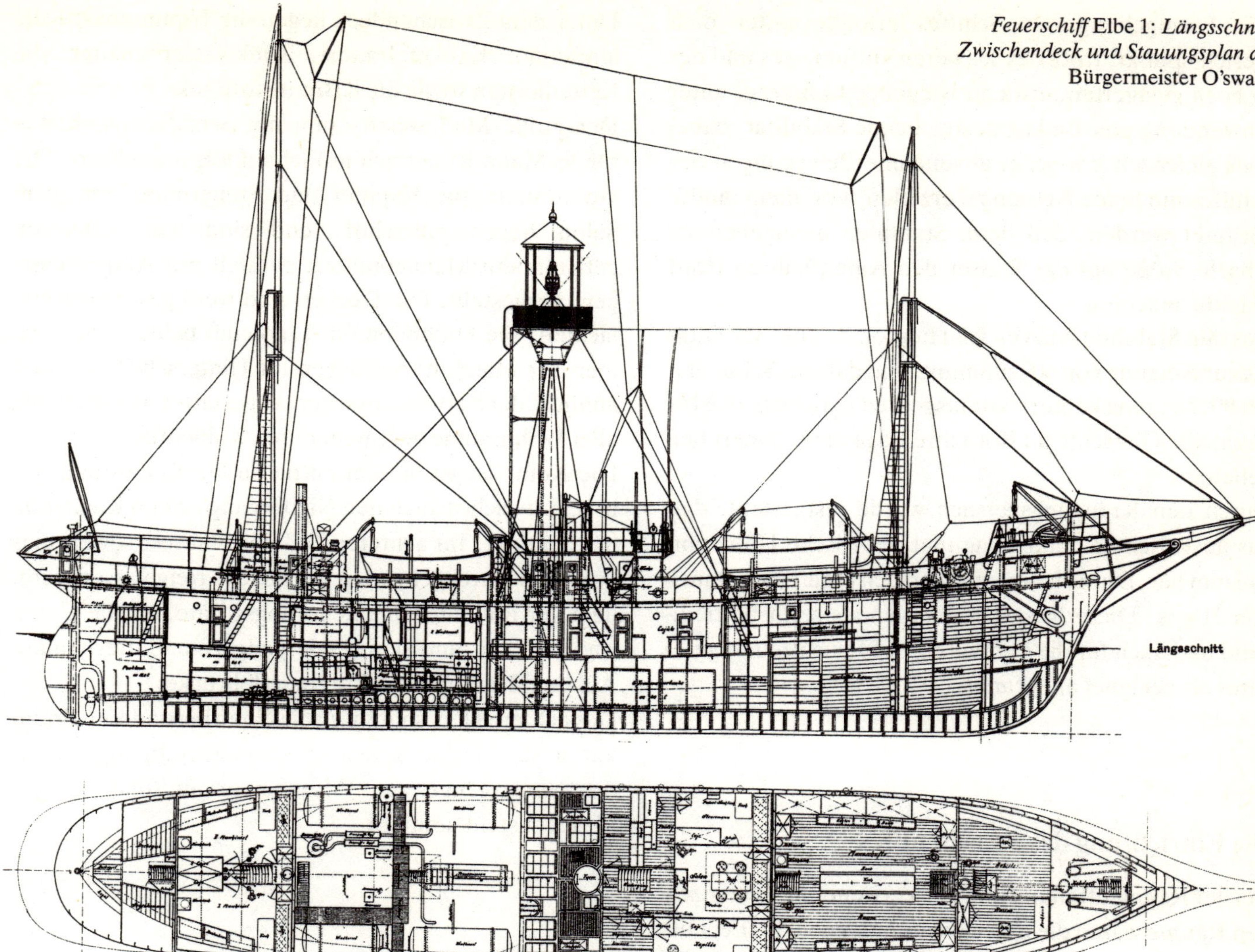

Die Formgebung des Schiffes erfolgte unter dem Gesichtspunkt, trotz des schweren Turmmastes und der so hoch gelagerten, etwa 5 t wiegenden Laterne, unter Anwendung von Ballast ausreichende Stabilität, dabei aber gleichzeitig weiche, angenehme Bewegungen des Schiffes um beide Achsen zu erzielen. Vor allem mußte verhütet werden, daß beim Stampfen unangenehme, scharfe Stöße auf das Wasser den Aufenthalt an Bord unleidig machten.

Aus den Stabilitätskurven geht hervor, daß die Stabilität bis zur Neigung von 60° zunimmt, und daß das Schiff erst bei 89° Neigung kentert, vorausgesetzt natürlich, daß bis dahin alle Gewichte an Bord ihre Lage unverändert beibehalten.

Durch den Krängungsversuch wurde festgestellt, daß das ausgerüstete Schiff eine metazentrische Höhe von 640 mm hat. Der Schwingungsversuch ergab eine Dauer von 11 sek. Diese Resultate wurden als recht befriedigend und auch für die Pendelung des Leuchtfeueraggregates als geeignet anerkannt.

Die Einrichtung des Feuerschiffes

Bei der Raumaufteilung und der Verwendung der einzelnen Räume waren die Zweckbestimmungen des Leuchtschiffes maßgebend. Das Hauptdeck, auf dem die drei Deckshäuser stehen und das vorne durch eine Back überhöht ist, hat Oregonholzbelag mit Teakholz-Leibhölzern und -Landungen. Unter diesem Deck liegt, mit Ausnahme der Unterbrechung durch den Maschinenraum, ein durchlaufendes Zwischendeck, auf dem sich die Wohnräume, der Arbeitsraum, der Batterieraum, das Telegraphenzimmer und die Kabelgatts befinden. Unter dem Zwischendeck liegen die Trimmtanks, Kohlenräume, Kartoffelräume, Trinkwasserbehälter, die Kettenkästen sowie die 8 Brennstofftanks.

Der große Mannschaftsraum mit Schlafgelegenheiten für 16 Mann ist einfach in Fichtenholz ausgeführt. Die Wohnräume für Kapitän und Steuermann mit dem Salon liegen mittschiffs und sind aus poliertem, geflammtem Mahagoniholz, getäfelt mit Ahornfüllungen, hergestellt. Die Decken sind weiß gestrichen und lackiert, die Fußböden mit Linoleum belegt. Die Zimmer der Maschinisten liegen im Hinterschiff und sind ähnlich, doch etwas einfacher ausgestattet. Die Heizung aller Wohnräume geschieht durch Kohleöfen.

Die Kombüse ist in dem mittleren Deckshaus untergebracht, welches auch den Niedergang zu den Kajütsräumen enthält. Im achteren Teil des Hauses, soweit dies von dem durchgehenden Turmmast freigelassen wird, liegt der Raum für die Steuerungsgeräte, für die Unterwasserglocke und der Niedergang zum Batterieraum. Auf dem Hause ist die Kommandobrücke.

Das achtere Deckshaus weist je einen besonderen Raum auf für die Mechanismen der Sirenenbetätigung und für die Niedergänge zum Maschinenraum und zu den Maschinistenkammern.

Die Ankereinrichtung von *Bürgermeister O'swald*

Das Feuerschiff liegt auf seiner Station vor zwei in weitem Abstand voneinander in der mit Ebbe und Flut wechselnden Stromrichtung ausgelegten Pilzankern von je rund 2000 kg Gewicht, an deren Verbindungskette die eigentliche Stationskette eingeschäkelt ist. Diese Kette von 57 mm Stärke, kurzgliedrig ohne Stege, kann durch schwere Außenhautklüsen auf beiden Schiffsseiten gefahren werden. Das Ankerspill mußte entgegen der sonst üblichen Ausführung statt mit Kettenscheiben mit großen Trommeln ausgestattet werden, da Ketten verschiedenen Kalibers zu hieven und die Mannschaft von den alten Schiffen her an diese Art von Spills gewöhnt ist. Hinter dem Spill ist ein schwerer, eisenbeschlagener Beting aus Eichenholz eingebaut. Die Stationskette oder, wie sie auch genannt wird, die Mooringkette, wird wie folgt gesichert: Die vom Anker durch die Klüsen kommende Kette wird mit 3 Turns um die Spilltrommel geführt und dann auf dem Beting belegt. Der Tamp der Kette läuft durch einen Spindel-Kettenstopper und wird zur weiteren Sicherheit noch durch einen Stopperhaken gehalten, der mit einem Drahtseilstropp an einem eisernen, hinter der Kettenkasten-Einlaufklüse liegenden Poller befestigt wird. Dann erst fährt die Kette in die Kettenkastenklüse. Der Betrieb des Spills geschieht durch Preßluft. Die für die Bedürfnisse als freifahrendes Schiff benötigten Anker liegen auf sogenannten Schweinsrücken auf der Back. Ein Ankerkran zum Fischen der Anker befindet sich am Bug.

Der Turmmast mit der Laterne

Der Turmmast von 1100 mm lichtem Durchmesser erweitert sich am oberen Ende zu der Schutzlaterne für das Leuchtfeuer, die mit 10 mm starken, rundgebogenen Spiegelglasscheiben verglast ist. Außen läuft eine Galerie rund um die Laterne herum, zu der eine eiserne Leiter von außen heraufführt. Von der Galerie aus kann man in das Innere der Schutzlaterne einsteigen, das auch mittels Steigeleitern im Turmmast zu erreichen ist. Als Leuchtfeuer dient eine Spezial-Flammenbogenlampe mit gelbem Licht von über 40000 H.K. Die Brenndauer der Lampe beträgt mit Rücksicht auf die langen Winternächte etwa 19 Stunden. Eine Reservelampe gleicher Ausführung ist unter Benutzung einer in die Schutzlaterne eingebauten Auswechseleinrichtung in ganz kurzer Zeit benutzbar. Eine dritte Lichtquelle als weitere Reserve ist in Form einer Focus-Kohlenfadenglühlampe von 100 H.K. angeordnet worden. Zur Erzielung der Kennung des Leuchtfeuers – 8 sek Licht, 20 sek Dunkelheit – ist eine Blende, deren Rotation durch einen kleinen Elektromotor hervorgerufen wird, in das Linsensystem eingebaut. Lampe, Blinkmotor und Linsensystem sind zu einem Ganzen zusammengebaut und kardanisch in Kugellagern aufgehängt. Die ganze Einrichtung ist so angelegt, daß Schräglagen des Schiffes bis zu 40° nach allen Koordinaten ohne Einfluß auf den Betrieb der Lampe sind.

Die Unterwasserglocke des Feuerschiffes

Sirenennebelsignale haben den Nachteil, daß die Sicherheit des Gehörtwerdens von Wetter, Wind und Seegang abhängig ist. Das Wasser ist infolge seiner größeren Dichtigkeit und gleichmäßigeren Beschaffenheit als Schalleiter akustischen Strömungen und Trübungen weit weniger unterworfen als die Luft. Unterwasserschallsignale bieten deshalb größere Sicherheit und Zuverlässigkeit als Luftschallsignale.

Allerdings setzt die sichere Wahrnehmung das Vorhandensein einer Empfängeranlage voraus. Nach zahlreichen vorliegenden Berichten von Dampfern, die mit solchen Empfängern ausgerüstet sind, sind Unterwasserglockensignale in Entfernungen bis zu 10 sm wahrgenommen worden. Es ist zu verstehen, daß unter diesen Umständen das Wasserschallsystem außerordentliche Bedeutung erlangt hat und ein wichtiges Hilfsmittel für die Schiffahrt geworden ist. Die Anlage ist geliefert von den Atlaswerken Aktiengesellschaft in Bremen. Die Unterwasserglocke (D.R.P.) besteht aus der eigentlichen Glocke und dem darüber angeordneten Gehäuse, in dem die Getriebeteile wasserdicht gekapselt sind. Die Betätigung der Glocke erfolgt durch Druckluft. Zur Erzeugung wirksamer Schallwellen wird der besonders gestaltete Glockenkörper mit wulstartigem Schwingungsring durch einen schweren Klöppel kräftig angeschlagen. – Bei Ruhelage befindet sich die Glocke meist außer Wasser und wird nur zur Betätigung an einer Kette ins Wasser gelassen. Dafür ist auf Steuerbord des Schiffes ein durchgehender, unten offener Schacht eingebaut, durch welchen die Glocke, in einem fahrstuhlartigen Gestell gelagert, hinabgesenkt wird. Die Glocke hängt 3 m unter dem Schiff, also rund 6 m unter dem Wasserspiegel.

Die Kraftstation

Eingebaut sind ein direkt umsteuerbarer Zweitakt-Dieselmotor von 200 effektiven Pferdestärken bei 280 Upm, zwei nicht umsteuerbare Viertakt-Dieselmaschinen von je 35 PS bei 450 Upm und ein kleiner Viertakt-Dieselkompressor. Die gesamte Krafterzeugungsanlage ist von der Firma Gebrüder Sulzer in Winterthur und Ludwigshafen ausgeführt worden.

Der umsteuerbare Motor dient zur Erzielung der Eigenfortbewegung des Schiffes und steht im hinteren Teil des Maschinenraumes mittschiffs, während die beiden stationären Viertakt-Maschinen zu beiden Seiten und mehr nach vorne zu aufgestellt sind. Der kleine Dieselkompressor befindet sich auf Backbord am Achterschott des Maschinenraumes.

Die mit den Dynamos direkt gekuppelten stationären Motoren tragen auf ihrer Welle je eine Riemenscheibe, von welcher aus mittels einer an der Decke des Maschinenraumes liegenden Transmissionswelle zwei Luftkompressoren angetrieben werden können.

Für außergewöhnliche Umstände besitzt das Feuerschiff auch noch Segeleinrichtung, ein Stag- und ein Spitzsegel für jeden Pfahlmast. Auf der Probefahrt wurden Segelmanöver vorgeführt und eine Stunde lang nur unter Segel gelaufen, wobei eine Geschwindigkeit von 7 Knoten bei frischer Brise erreicht wurde.

L. Graemer »Schiffbau« Band 1912.

Chronik (1912 bis 1936)

1912: Nebelsignal geändert: Das bei der Indienststellung des Schiffes vorgesehene Nebelsignal wird geändert, um Verwechslungen mit Pfeifensignalen von Dampfern auszuschalten. Neue Kennung: 2 Reihen vibrierender Töne von gleicher Dauer. Bei Betriebsstörungen: 2 kurz hintereinander abgegebene Gruppen von je 4 – entsprechend den 4 Buchstaben des Wortes »Elbe« – langtönenden Glockenschlägen, die in Pausen von 1 min wiederholt werden.

1913: 7. Oktober: Versuche beginnen mit einem senkrecht nach oben scheinenden elektrischen Lichtstrahl und elektrischen Sirenen. Jeden Abend von 19 bis 22 Uhr.

25. November: Versuche beendet

1914: Feuerschiff wird mit einer Revolverkanone bestückt und als Kriegsfeuerschiff *A* der Kaiserlichen Marine unterstellt.

1918: Mitte Dezember wird *Bürgermeister O'swald* zwecks Instandsetzung durch *Bürgermeister Kirchenpauer (Elbe 5)* ersetzt.

1919: 19. April: Kollision mit der Tjalk *Ambulant.*

6. September: Feuerschiff von Station

16. Oktober: *Elbe 1* wieder ausgelegt

Nebelsignale geändert: Signale mit einer Preßluftsirene, deren Schalltrichteröffnungen 4,9 m über Wasser liegen. Kennung: Gruppe von 2 Tonreihen. Eine Anzahl vibrierender Töne von 9 sek Dauer, kurze Pause 12 sek, eine Anzahl vibrierender Töne von 9 sek Dauer, lange Pause 60 sek, Wiederkehr 90 sek. Unterwasserglocke. Kennung: Gruppe von 4 Schlägen. Schlag, Pause 3 sek, Schlag, Pause 3 sek, Schlag, Pause 3 sek, Schlag, Pause 12 sek. Wiederkehr 21 sek.

Das elektrische gelbe Blinkfeuer des Feuerschiffes wird versuchsweise bei Nebel auch am Tage gezeigt, da Versuche ergeben haben, daß das Feuer bei nebligem Wetter auch am Tage mehrere Seemeilen weiter zu sehen ist als das Feuerschiff selbst.

Warnsignal: Schiffe mit gefährlichem Kurs werden durch Kanonenschüsse (Gruppen von 2 Schüssen in Pausen von 3 min) und internationales Flaggensignal gewarnt. Das Schiff liegt ohne Muring vor 240 m Kette.

11. Dezember: Die Lotseninspektion meldet nach Hamburg, daß sich auf Feuerschiff *Elbe 1* noch 2 Funkgäste der Kaiserlichen Marine für den Schiffsmeldedienst befinden. Nach Mitteilung der Marinestation Nordsee wird eine Übernahme abgelehnt, weil der Etat unter keinen Umständen die Übernahme zuläßt. Die beiden Marinefunker werden entlassen.

16. Dezember: Die Funkstation *Elbe 1* ist geschlossen. Der Lotseninspektor bittet dringend, 2 Funker anstellen zu dürfen. In Cuxhaven sind keine aufzutreiben. Die Deputation ist mit der Einstellung einverstanden.

1920: 28. Juni: *Elbe 1* von Station zwecks Überholung

27. Juli: Feuerschiff wieder auf Position

1921: 28. Mai: Zwecks Reparatur von Station

22. Juni: Feuerschiff liegt wieder aus

30. August: Erneut muß das Schiff an die Werft. Instandsetzungsarbeiten.

16. Dezember: Kollision mit dem Dampfer *Vegesack.*

1922: 16. März: Ab sofort übermittelt *Elbe 1* Ordertelegramme mit Flaggensignalen am Tage und Morselampe bei Nacht. Für jede Übermittlung erhält die Hamburger Marineverwaltung Cuxhaven 20 Mark.

16. Juni: Feuerschiff von Station

30. August: *Elbe 1* wieder ausgelegt

1923: 8. April: Kollision mit dem Leichter *RW 52.*

27. April: Die Gebühr für eine Nachrichtenübermittlung wird von der Deputation von 20 auf 200 Mark erhöht.

11. Mai: Feuerschiff von Station

25. Juni: Wieder ausgelegt

Auf dem Schiff ist ein elektrischer Membransender für Unterwasserschallsignale eingebaut worden, der versuchsweise täglich von 9 bis 12 Uhr gleichzeitig mit der normalen Unterwasserglocke in Betrieb ist.

1924: 1. Januar: Feuerschiff erhält als Tagmarke einen schwarzen Ball von 1,5 m Durchmesser am Besanmast, der am Galgen 21,5 m über Wasser gehißt wird.

Februar: Membransender wieder ausgebaut

19. Mai: Feuerschiff von Station

27. Juni: Wieder ausgelegt

15. Oktober: Nebelsignal geändert. Kennung: Eine Anzahl vibrierender Töne von 7 sek Dauer, kurze Pause, 16 sek. Eine Anzahl vibrierender Töne 7 sek Dauer, lange Pause. Wiederkehr 1 min 30 sek.

1925: 25. September: *Bürgermeister O'swald* eingezogen zwecks Ausstattung mit neuzeitlichen Nebelsignalanlagen und Einrichtungen für Richtungs- und Abstandsbestimmungen. Feuerschiff *Norderney* nimmt Position *Elbe 1* ein.

1926: 12. Februar: *Bürgermeister O'swald* wieder auf Station. Neue Ausrüstung: Funk-Nebelsignal (F.N.S.) auf der 1010-m-Welle. Röhrensender, Ton 525, arbeitet versuchsweise.

Wasser-Nebelsignal (W.N.S.) wird erzeugt von einem elektrischen Membransender von 350 Watt Ausgangsleistung. Tonhöhe von 1050 Schwingungen in der Sekunde. Kennung: Morsebuchstabe L. Wiederkehr 30 sek. Luft-Nebelsignal (L.N.S.): Elektrischer Membransender von 300 Watt Ausgangsleistung. Tonhöhe von 525 Schwingungen in der Sekunde. Kennung: Morsebuchstabe L. Wiederkehr 30 sek.

9. September: Nach Feststellungen des Vermessungsschiffes *Panther* liegt das Feuerschiff auf 54° 0′ 11,62″ Nord und 8° 15′ 13,94″ Ost.

15. Mai: Schiffe werden aufgefordert, über die Reichweite und den Empfang der Funknebelsignalanlage des Feuerschiffes zu berichten.

1. Juni: Anlage arbeitet auf der neuen Welle von 1050 m.

1927: 11. März: Feuerschiff von Station zwecks Überholung

27. April: Wieder ausgelegt. Funkanlage wurde verbessert, arbeitet jetzt mit 700 Watt.

1928: 2. Juni: Bordfunkstelle *Elbe 1* eingerichtet. Rufzeichen KBF. Station ist ununterbrochen besetzt.

8. Mai: Feuerschiff von Station zwecks jährlicher Überholung

2. Juni: Wieder ausgelegt

Carl Kirchheiß kehrt heim

1928: Kapitän Carl Kirchheiß startet mit dem umgebauten Fischkutter *Hamburg* am 10. Januar 1926 zur Weltumseglung. Die Signalstation in Cuxhaven hat das Signal T.D.L., d. h. »Glückliche Reise« gesetzt. Um 2.20 Uhr werden die Leinen losgeworfen, um 5.15 Uhr wird das Feuerschiff *Elbe 1* passiert. Kirchheiß notiert ins Schiffstagebuch: »So, und nun sind wir auf See!«
Fast zwei Jahre später berichtet die »Deutsche Zeitung«, Berlin, über die Heimkehr des Weltumseglers: 25. Dezember. Da war ein toller Weihnachtsspuk in der ganzen Deutschen Bucht. Irgendwo draußen, ein gutes Dutzend Meilen vor der Elbmündung, schlingert das Feuerschiff *Elbe 1* schläfrig an seiner Ankerkette. Ein paar wetterharte Seebären feiern in der Kajüte Christnacht. Der Grog dampft. Denn es ist eine eintönige Aufgabe, am Heiligen Abend auf der rauhbeinigen Nordsee »Verkehrspolizei« zu spielen.
Aber irgendwo in der ungemütlichen Einsamkeit muß sich irgendwer herumtreiben. Zwei Lichter flackern ganz fern immer wieder auf. Kommen näher und näher. Recht langsam, aber hartnäckig und unbeirrbar. Wie einer, der sich nicht mehr beeilt, weil er seiner Sache ganz sicher ist. Die Männer auf *Elbe 1* haben gute Augen. Ein verteufelt kleines Schiff, was da heranrollt. Ein Segler. Ein einfacher Kutter gar. Aber die Finkenwerder Fischer sitzen doch heute sicher warm und gemütlich zu Hause!

Elbe 1 wird unruhig. Blinkzeichen zucken durch die Finsternis. Geheimnisvolle Zwiesprache hebt an, nur dem scharfen Seemannsauge verständlich. Es blinkt: Kurz, lang, kurz, kurz... »Wer sind Sie?« fragt *Elbe 1* höflich, aber bestimmt.

Drüben blinkt es zurück. Endlos? Die Seebären auf dem einsamen Feuerschiff reiben sich den Wind aus den Augen und buchstabieren: »W-E-L-T-U-M-S-E-G...« Ein furchtbares Wortungetüm. »Verstehe nicht. Bitte wiederholen!« Also noch einmal: »W-E-L-T-U-M...« Da streift plötzlich Licht das geheimnisvolle Schifflein. Es fängt – genau um 2.15 Uhr – auf *Elbe 1* an zu dämmern.
»Sind Sie etwa die *Hamburg*?« flackert es hastig auf. »Jawohl, Weltumsegler *Hamburg* Kurs Cuxhaven!« »Willkommen und Glückwunsch, Kapitän Kirchheiß!« blinkt das Feuerschiff. Das war der erste Gruß der Heimat an den heimkehrenden kühnen Seefahrer.

Kritik an der Nebelsignalstation

1928: 24. Dezember: Der Dampfer *Nordland* unter Führung von Kapitän J. Witt nähert sich der Elbe bei frischem südlichem Wind. Das Nebelsignal vom Feuerschiff *Norderney* haben sie gehört und, wenn auch schwach, das vom *Weser*-Feuerschiff. J. Witt: »Um etwa 6 Uhr morgens passierten wir dann luvwärts *Elbe 1* in etwa 1 sm Abstand. Ein Nebelsignal wurde von uns nicht gehört. Auch der kurz darauf an Bord kommende Lotse bestätigte, daß ebenfalls auf dem Lotsendampfer ein Nebelsignal des *Elbe 1*-Feuerschiffes nicht gehört worden sei. Die Frage lautet nun: Wurde überhaupt kein Nebelsignal gegeben? Man wagt nicht, diese Frage mit ›ja‹ zu beantworten, weil die Besatzung des Feuerschiffes bei dem vor der Elbe regen Verkehr ihr eigenes Fahrzeug in Gefahr gebracht haben würde. Wurde aber das vorschriftsmäßige Nebelsignal gegeben, ist es von niemand an Bord gehört worden, woraus zu folgern wäre, daß die Signale mit dem kostspieligen Nautophon ungenügend sind. Warum wird dem Außenfeuerschiff nicht sein altes Preßluftnebelsignal belassen? Auch schon früher, als noch die guten Preßluftapparate im Betrieb waren, wurde häufig geklagt, daß die Luftnebelsignale der Feuerschiffe häufig zu spät abgegeben wurden.«

Die »Wasserstraßendirektion Hamburg« ließ sich die Kritik nicht gefallen und antwortete: »Nach seinem Maschinentagebuch hat das Feuerschiff *Elbe 1* am 24. Dezember 1928 um 5.18 Uhr mit der Abgabe von Luftnebelsignalen begonnen, und zwar zunächst mit dem Nautophon, bis der Dieselkompressor angesetzt und genügend Preßluft für die Sirene verfügbar war, die erhebliche Mengen davon verbraucht. Wenn die Signale auf der *Nordland* nicht gehört worden sind, so wird die Ursache anderweitig gesucht werden müssen, vor allem in der Verschiedenartigkeit der Luftschichten und anderen dem Seemann nicht unbekannten Umständen.«

Die Viermastbark Peking *verläßt die Elbe*

1928: Kapitän Hermann Piening verläßt im Spätherbst mit der Viermastbark *Peking* die Elbe, um nach Chile zu segeln, rund um Kap Horn. Er schreibt über diese Reise: »Auf wippenden Wanten turnen die Leute nach oben. Die Obermarssegel rauschen in großen Falten von den Rahen. Als sie geheißt ihre haushohen Flächen der Brise bieten, ist unsere Schlepptrosse zum *Seefalken* schon nicht mehr so steif wie vorhin. Und den schwarzen Rauchschwaden über dem Schlepperschornstein sieht man's an, daß er sich schon ins Zeug werfen muß. Ich behalte den Schlepper noch, um bei unvorhergesehenen Zwischenfällen in dem engen Fahrwasser an ihm eine Hilfe zu haben. Als voraus aber *Elbe 1* in Sicht kommt, da lasse ich das Signal zum Loswerfen geben. Gleich darauf steigt der Lotse in das Motorboot, das ihn vom Feuerschiff abholt. Mit dem letzten Händedruck bekommt er noch ein Bündel Briefe mit, Abschiedsgrüße an unsere Angehörigen daheim. Noch ein Winken hüben und drüben, dann ist das letzte Band getrennt, das uns noch an die Heimat knüpfte.

1929: Im Juli wird das Feuerschiff *Elbe 1* in Cuxhaven überholt.
5. August: Wieder auf Position
8. September: Meteorologische Daten werden gesammelt. Insgesamt lassen sich bis 1988 für diese Position 140758 vollständige Wetterbeobachtungen nachweisen.
18. Dezember: Infolge Eisgangs wird das Feuerschiff um 700 m in Richtung 67° vertrieben.

1930: 18. Januar: Feuerschiff *Elbe 1* wieder auf der alten Position
6. Mai: Zwecks Überholung an die Werft
8. August: Überholung beendet, Feuerschiff wieder auf Station

1931: 1. Mai: Für die Übermittlungen von Ordertelegrammen und für Schiffsmeldungen durch das Feuerschiff wird eine Sondergebühr von 30 % der jeweiligen Semaphorgebühr erhoben.
November: Funktelegraphie-Empfangsanlage wird eingebaut, die den F.T.-Empfang auch während der Abgabe von Funkpeilsignalen gestattet.

1931: 23. August: Kollision mit der Yacht *Rautendelein* im Hafen, Feuerschiff hat nur geringen Schaden erlitten.

Im Sturm auf Feuerschiff Bürgermeister O'swald

1932: Folgende Schilderung eines Sturmes auf dem Feuerschiff *Elbe 1* erscheint im Oktober 1936 im »Hamburger Anzeiger«, spielte sich aber einige Jahre zuvor ab.

»Es jaulte und pfiff in den Lüften, als ich mich im Morgengrauen eines Februartages mühsam gegen die Regenböen zum Cuxhavener Bollwerk hinunterarbeitete. Im Fahrwasser einiger ansehnlicher Gestalten in Oelrock und Südwester, kam ich zur *Altenbruch,* dem Lotsenversetzdampfer. Im Farbenspiel der Morgendämmerung, die giftig und tückisch durch die jagenden Wolkenfetzen schielte, dampfte das Schiff los.

›Feuerschiff *Elbe 1* absetzen? Bi dat Wedder?‹ knurrte der Schiffer, als ich ihm auf der Brücke meinen Ausweis vom Schiffahrtsamt zeigte. ›Ick kann Se op den Lotsendamper affsetten, denn möten Se mol sehn!‹

Als wir die Nase hinter der Alten Liebe rausstrecken und uns die ersten Spritzer taufen, zeigt die Signalstation einen Kegel mit der Spitze nach unten ›Sturm aus Südwest!‹ Regenböen fegen über das fahlgraue Wasser, striegeln und kämmen die Seen mit weißen Gischtstreifen. Aus dem Dunst tauchen ein paar einkommende Dampfer. Nach einer Stunde drehen wir beim Lotsendampfer *Kersten Milles* bei. Mit der Motorjolle werden die Lotsen übergeholt.

Des Sturmes wegen patrouilliert *Kersten Milles* ›drinnen‹ zwischen *Elbe 2* und *Elbe 3*. Erst am dritten Tag hat es sich soweit beruhigt, daß man mich auf *Elbe 1* absetzen kann.

Kapitän O. – er ist schon 25 Jahre im Dienst – zeigt mir sein Schiff. Seit über 150 Jahren liegt der rote Warner als Torwächter zu Hamburg schon an dieser Stelle. Neuerdings hatte man das Schiff eine Meile weiter nach See hinausgelegt, wo es weniger stark vom Ebb- und Flutstrom getroffen wird.

Käppen O. erzählte davon, daß gerade bei Südwestwind das Schiff durch den starken Ebbstrom quer in der See gehalten wird und dabei heftig rollt.

Es briste immer härter auf aus Südwest, und die Februarstürme haben es in sich. Bald war ein heulender, tobender Hexenkessel um uns. Ein Fischdampfer tanzte hinterm Heck herum, ab und zu unter Seen und Brechern begraben. Das Rettungsboot des Feuerschiffes hat schon manche heldenmütige Leistung zur Rettung Schiffbrüchiger auf den nahen, tückischen Sänden vollbracht. So erzählte mir Käppen O. von einem großen Seeschlepper, der einem gestrandeten Segler Hilfe bringen wollte und querab bei der Scharhörntonne durch die gewaltigen Grundseen sich regelrecht der Länge nach überschlagen hatte.

In der zweiten Nacht hat der Südwest seinen Höhepunkt erreicht. Das Schiff arbeitet wacker, aber als der Strom dwars zur See dreht, rollt es unheimlich. Alles, was nicht festgezurrt ist, geht über Stag. An Schlaf ist nicht zu denken. Es sind ungemütliche Stunden, das Deck ist ständig überflutet, zuletzt haut ein überkommender Brecher die Kajütstür ein und füllt die halbe Kajüte voll Wasser.

Von der Brücke hat man einen Überblick über die langen anrasenden Seen. Ein unheimliches Schauspiel, wenn das Drehfeuer unseres Turmes für einen Augenblick die tobende, zischende Finsternis um uns enthüllt.

Unten in der Funkbude ist es dagegen warm und gemütlich, nur am schweren Arbeiten des Schiffes spürt man das Wetter. Der Funker tastet durch die Wellenbereiche. Morsezeichen quäken eindringlich. Klavierakkorde perlen auf, London, Kopenhagen sind einen Augenblick da, dann wieder eindringlich Morsezeichen:

›Alle schweigen!‹ erklärt mir der Funker. Von irgendwoher schwacher SOS-Ruf. Draußen tobt ja der Sturm, hier in der molligen Bude würde man es fast vergessen, wenn man nicht alle Augenblicke sich festklammern müßte. Vier Tage waren wir abgeschnitten, weil der Lotsendampfer nicht rauskam, es gab weder Post noch Proviant.

Das Feuerschiff hat so manche Nachricht gegeben von Strandung und Sturmkatastrophe. Nun hat die Nordsee die wackeren Seeleute selber sich zum Opfer gewählt. Nordsee – Mordsee!«

1932: 1. Oktober: Nach den 1931 in London vereinbarten Grundsätzen werden die Funkpeilsignale, die Wasser- und Nebelsignale sowie die Luftnebelsignale geändert. Die Funkpeilanlage arbeitet nun auf 291 kHz (1031 m), Tonhöhe 600. Reichweite 50 sm, Kennung: dreimal den Morsebuchstaben L. Wiederkehr 6 min. Wasser-Nebelsignalanlage. Kennung: Buchstabe L. Luftnebelsignal: Beim Versagen der Preßluftsirene werden die Signale mit einem elektrischen Membransender gegeben. Tonhöhe 525.

1934: 18. April: Feuerschiff zwecks Überholung an die Werft

1. Juni: *Elbe 1* wieder auf Station

1935: 4. März: *Bürgermeister O'swald* von Station

15. Mai: Feuerschiff wieder ausgelegt

5. November: Zwecks Instandsetzungen erneut eingezogen

9. Dezember: *Elbe 1* wieder auf Station

Bürgermeister O'swald *kentert im Sturm*

Die Elbmündung gehört zu den meistbefahrenen Wasserstraßen der Welt. Sie ist so sicher wie die Männer gut sind, die dafür Verantwortung tragen. Zu ihnen zählen die Kapitäne und Mannschaften auf den Feuerschiffen. Es ist Herbst, die Zeit der Weststürme. Die von der Großfunkstelle Nauen am 26. Oktober 1936 verbreitete Sturmwarnung für die Deutsche Bucht wird auf Feuerschiff *Elbe 1* kommentarlos hingenommen. In den späten Abendstunden erreicht der Sturm die Elbmündung. Bald steht eine schwere See. Für die 15köpfige Besatzung gibt es in den folgenden Stunden keine Ruhe, denn der Kapitän hat erhöhte Wachbereitschaft angeordnet. Der aus Südwest heulende Sturm versteift sich zum Orkan. Das an langer Kette gefesselte Feuerschiff zerrt gewaltig an der Verankerung. Um die 240 m lange Kette zu entlasten, läuft die Hauptmaschine. Das Ruder ist besetzt, die Brecher fegen mit ungestümer Gewalt über die Back und schlagen auf Deck.

In der Funkstation verrichtet Albert Sawatzki wie gewohnt seinen Dienst. Er meldet einkommende Schiffe weiter nach Cuxhaven und steht mit anderen Kollegen in Verbindung. Eigentlich sollen heute fünf Mann der Crew ausgewechselt werden, aber bei diesem Hundewetter ist an eine Ablösung überhaupt nicht zu denken. Die fünf Mann und ihre Angehörigen an Land werden warten müssen, bis das Unwetter sich etwas gelegt hat.

Um die Mittagszeit herum kentert der Flutstrom. Das Wasser beginnt, nach See abzulaufen. Jetzt giert das Feuerschiff noch heftiger in der aufgewühlten See und schert, vom Strom beeinflußt, immer mehr in eine gefährliche Querlage zur See. Überbrechende Grundseen wühlen das Wasser auf. Die gischtgekrönten Wogen schleudern das Schiff hin und her, als wäre es nur ein Spielball. Brecher, die auf das Deck stürzen, donnern gegen die Aufbauten und nehmen alles mit, was nicht niet- und nagelfest ist.

Über Funk erfahren sie, daß Feuerschiff »Außenjade« fast gekentert wäre. Zum Glück war die 54 mm dicke Gußstahlkette gebrochen. So konnte sich das schon auf der Seite liegende Feuerschiff befreit aufrichten. Die »Außenjade« ankert jetzt beim Hoheweg-Leuchtturm. Friedrich Lösekann, Kapitän der *Elbe 1,* zuckt mit den Achseln, als ihm das gemeldet wird. Er kann sich zum gleichen Schritt nicht entschließen, denn jetzt kommt es schließlich auf sie an.

Und warum soll er auch? Es ist nicht der erste schwere Sturm, den die Männer auf dem Schiff abgerissen haben. Für sie ist das Feuerschiff eine sichere Bastion. Nach den Stabilitätskurven nimmt die Stabilität des Schiffes bis zu einer Neigung von 60° zu, ein Kentern kann erst bei 89° Neigung eintreten. Die Schiffsleitung kennt diese Unterlagen genau. Wenn nichts an Bord verändert wird, kann das Feuerschiff gar nicht kentern. Die Ingenieure haben eine Kompromißformel gefunden, um eine ausreichende Stabilität und weiche Bewegungen um beide Achsen zu erzielen, trotz des schweren Turmes mit der rund fünf Tonnen wiegenden Laterne. Die zurückliegenden 24 Jahre, die *Bürgermeister O'swald*

schon auf der Position des äußeren Elbeschiffes liegt, sprechen für das Feuerschiff und den Kapitän.
Von See her nähert sich ein kleiner englischer Frachter. Er heißt *The President*, hat achterliche schwere See und giert gewaltig. Der Rudergänger schwitzt. Die Männer auf der Brücke sind ruhig, sie haben es bald geschafft.

Ein paar Seemeilen noch. Voraus liegt schon *Elbe 1* und weist ihnen den Weg in die Elbmündung. Heute abend werden sie in Hamburg bummeln gehen, die Reeperbahn unsicher machen und die Große Freiheit. Es ist 14.00 Uhr vorbei. Mit dem Fernglas beobachtet der Kapitän nicht nur das in kochender See tanzende Feuerschiff, sondern auch einen Entgegenkommer, der bei diesem scheußlichen Wetter unbedingt hinaus will. Ein Verrückter eben. Es ist das holländische Motorschiff *Poelau Bras* auf der Reise nach Amsterdam. Um nicht mit dem quer in der See am Anker zerrenden Feuerschiff zu kollidieren, läßt Kapitän Arthur Smith fünf Grad mehr Steuerbord steuern. Die Luft ist dick und verhangen. Plötzlich setzt aus Nordwest eine Orkanbö ein. Drei riesige Seen wälzen sich heran, gischtgekrönt. Die erste Welle bricht über das im Wege liegende Feuerschiff und vergräbt es unter einem Berg von Wasser. Für Sekunden ist das leuchtend rot angestrichene Schiff verschwunden, nur die Laterne am Turm ragt noch heraus. Doch das Feuerschiff gibt sich nicht geschlagen, es taucht noch einmal auf, schüttelt das Wasser ab, will sich weiter aufrichten. Doch schon ist die nächste Woge da, eine steile Grundsee. Sie wirft *Elbe 1* vollends auf die Seite. Der Krängungsmesser versagt den Dienst. Aus dieser Lage richtet sich kein Schiff mehr auf, auch nicht die stabile *Bürgermeister O'swald:* Sie kentert. Alles geht sehr schnell, da bleibt keine Zeit mehr für einen Funkspruch, keine Gelegenheit mehr, SOS zu geben.

Auf *The President* wird das Unglück gar nicht richtig wahrgenommen. Als die von schweren Regenschauern begleitete Bö vorüber ist, können sie das Feuerschiff nicht mehr sehen, an einen Untergang des Schiffes denken sie vorerst nicht. Sicher, es treiben ein paar Holzteile im Wasser und ein Boot kieloben, aber das muß schließlich nicht von *Elbe 1* stammen. Es ist aber so, die *Bürgermeister O'swald* ist gekentert und gesunken. Hilfe können die beiden in der Nähe befindlichen Frachter nicht leisten. Bei der groben See kann kein Boot heil zu Wasser gebracht werden. Betroffen stehen die Männer auf dem holländischen Frachter, betroffen, weil sie hilflos sind.
Die Meldung vom Untergang des Feuerschiffes in der Elbmündung verbreitet sich rasch, erreicht Cuxhaven. Sofort läuft der Bergungsschlepper *Hermes* aus. Ihm folgen bald darauf der Lotsendampfer *Ditmar Koel* und das große Rettungsboot *Richard Krogmann*. Stundenlang boxen die Fahrzeuge westwärts gegen die wütende See an, aber ihre Bemühungen sind zwecklos, sie kommen nicht vorwärts, erreichen die Unfallstelle nicht, nicht an diesem Tag, nicht am nächsten.
Erst am 29. Oktober kann der Bergungsschlepper die kleine Positionstonne von der äußeren Elbstation erreichen und ankern. Ein Taucher steigt bei Stauwasser hinab. In einer Tiefe von 21 Metern findet er das auf Steuerbordseite liegende Feuerschiff, fest verbunden mit der Ankerkette.
Zwei Tage später liegt bereits das Reservefeuerschiff *Norderney* auf Station, draußen auf Position *Elbe 1.* Die Sicherheit der Schiffahrt hat Vorrang.
Mit den Bergungsarbeiten kann jedoch erst Ende November begonnen werden. Zu viel Zeit ist inzwischen nutzlos verstrichen, das wird den Tauchern klar, als sie erneut zum Wrack hinabsteigen, um es zu unter-

Am 27. Oktober d. J. nahm das durch das Toben entfesselter Elemente gekenterte **Feuerschiff „Elbe I“** fünfzehn wackere deutsche Seeleute mit in die Tiefe.

Kapitän Friedrich Lösekann, Cuxhaven
Maschinist Hans Feldhusen, Cuxhaven
Funker Albert Sawatzki, Cuxhaven
Funker Ernst Heuck, Cuxhaven
Matrose Willi Darr, Altenbruch
Matrose Karl Debrodt, Cuxhaven
Matrose Joseph Dörr, Cuxhaven
Matrose Gustav Garms, Sahlenburg
Matrose Wilhelm Kröncke, Cuxhaven
Matrose Johann Lau, Neufelderkoog
b. Marne i. H.
Matrose Claus Mahler, Achthöfen
b. Himmelpforten, Krs. Stade
Matrose Claus Mink, Bützfleth b. Stade
Motorenwärter Paul Krauser, Cuxhaven
Motorenwärter Karl Kühle, Cuxhaven
Koch Walter Ahlf, Cuxhaven

starben den Heldentod auf dem Felde der Arbeit.

Sie waren beste deutsche Seeleute, die furchtlos ihr Leben einsetzten für die Sicherheit ihrer Kameraden, nicht nur der deutschen, sondern auch der internationalen Schiffahrt, und in treuer Pflichterfüllung bis zum letzten haben sie ihre Opferbereitschaft mit dem Seemannstode besiegelt.

Stets unvergessen werden sie in unseren Herzen und in unserem Gedenken weiterleben als leuchtende Vorbilder besten Mannestums, deutscher Seemannschaft und freudiger Opferbereitschaft für unser Volk.

Die Deutsche Arbeitsfront
Reichsbetriebsgemeinschaft Verkehr u. öffentl. Betriebe
Reichsfachgruppe Seeschiffahrt

Die Toten des im Orkan gesunkenen Feuerschiffes, Anzeige in der Cuxhavener Zeitung.

suchen und Pläne auszuarbeiten. Schon liegt die Reling im Sand vergraben, bald darauf ist auch das Deck verschwunden.

Die See gibt das Wrack nicht mehr her

Kaum ist die Kunde vom Untergang des Feuerschiffes in der Elbmündung verbreitet, als auch schon Beileidsbekundungen aus aller Welt eintreffen. An der Küste aber sitzen die Menschen zusammen und verwünschen den Sturm, der nicht nachlassen will und jegliche Rettungsmaßnahme im Keim erstickt. Endlich steigt das Barometer und die Hoffnung bei den Verantwortlichen, mit der Bergung des Schiffes beginnen zu können. Das »Hamburger Anzeigenblatt« berichtet über diesen Tag wie folgt:

»Gestern hat eine ganze Flottille von Spezialfahrzeugen das Revier nach Überresten des gekenterten Feuerschiffes abgesucht – vergeblich! Man hat keine Spur gefunden, keine Wrackteile entdeckt, ist erstaunlicherweise nicht einmal Ölspuren begegnet, wie sie sonst immer in der Nähe von untergegangenen Schiffen zu finden sind. Fachleute haben für das Fehlen dieser Ölspuren nur eine einzige Erklärung: Das Schiff muß kieloben auf dem Grund liegen!«

Wie sich später herausstellt, liegt es nicht kieloben, sondern auf der Seite, so wie es gekentert ist. Kein Wunder, daß die Gerüchte nicht verstummen, die davon sprechen, daß nicht genügend Brennstoff in den Tanks des Feuerschiffes war, um ein Verlassen der Station während des Orkans zu wagen. Zwar werden diese Vermutungen von den amtlichen Stellen energisch dementiert, aber damit ist der Verdacht nicht ausgeräumt. Die Frage, wieviel Brennstoff die *Bürgermeister O'swald* am entscheidenden Tag noch im Vorratstank hatte, bleibt unbeantwortet.

Für die Nachsuche sind alle verfügbaren Mittel aufgeboten. Seit dem frühen Morgen kreisen acht aus Kiel angeforderte Suchflugzeuge über der Elbmündung und kämmen systematisch jeden Quadratmeter Wasserfläche ab, unterstützt von einer ganzen Reihe von Schiffen. Sämtliche Leuchtfeuer- und Küstenstationen sind benachrichtigt, und bei Niedrigwasser eilen Männer in die Wattgebiete. Boote landen an den Sänden, um auch dort nach Wrackteilen zu suchen, nach Rettungsringen oder ähnlichen Spuren.

Die aus Cuxhaven stammenden Bergungsschiffe kämmen mit Schleppankern den Meeresgrund in der Nähe des verwaisten Stationsplatzes von *Elbe 1* ab und stoßen schließlich auf die lange Ankerkette des Feuerschiffes. Die erfahrenen Bergungskapitäne sind sich einig, daß eine Hebung des gekenterten Schiffes aus solcher Tiefe während dieser stürmischen Jahreszeit äußerst schwierig wird, wenn überhaupt möglich. Auf jeden Fall muß schnell gehandelt werden, jede Stunde ist jetzt kostbar, jeder verlorene Tag macht eine Hebung unwahrscheinlicher.

Und doch vergehen Tage, bis die notwendigen Bergungsschiffe am Unfallort eintreffen und die Taucher zum Wrack hinabsteigen, um die Lage des gekenterten Schiffes genau zu untersuchen. Es hat 85 Grad Schlagseite. Turm und Masten stehen noch. Mehr können sie nicht feststellen, denn dort unten ist die Sicht gleich null, und die Strömung läßt ein längeres Verweilen nicht zu.

Am folgenden Tag soll mit der eigentlichen Bergung begonnen werden, aber nun kehrt der Sturm wieder. Fluchtartig müssen sämtliche Hilfs- und Bergungsfahrzeuge die Elbmündung verlassen. Einige kehren zurück nach Cuxhaven, andere ankern bei Feuerschiff *Elbe 3* im seichten, ruhigeren Wasser. Eine in der Nähe des gesunkenen Feuerschiffes ausgelegte Wracktonne warnt die Schiffahrt vor dem Unterwasserhindernis.

Sobald aber der Sturm abflaut, die See sich beruhigt hat, gehen die Berger ankerauf. Doch erneut muß die Arbeit unterbrochen werden. So vergehen die Tage.

Bei steigendem Barometerstand dreht endlich der Wind und kommt nun aus östlicher Richtung. Sofort hieven die Schiffe der Bergungsflotte die Anker und begeben sich zur Unfallstelle. Nicht weit entfernt liegt das Ersatzfeuerschiff *Norderney* nun auf Position von *Elbe 1* und leuchtet den Schiffen heim, vorbei an den gefährlichen Mahlsänden. Kaum ist der erste Leichter fest verankert, als die Hilfsschiffe *Reiher* und *Comte* die ersten Ketten vorn und achtern unter das Wrack sägen. Die vom Feuerschiff gelöste Ankerkette bringt der Seezeichendampfer *Neuwerk* nach Cuxhaven. Zuversichtlich gehen die Berger ans Werk. Noch besteht eine kleine Chance, denken, hoffen sie, und der Tag läßt sich gut an, die Arbeiten gehen schneller voran als befürchtet. Die Männer auf den Bergungsfahrzeugen arbeiten bis zum Umfallen. Morgen könnte es gelingen, das gekenterte Feuerschiff vom Grund anzulüften, es vielleicht aufzurichten. Bergungsinspektor Anischewski, der 1916 das bei Borkum gesunkene *U 30* hob und so manche Bergung erfolgreich abgeschlossen hat, gibt sich zuversichtlich.

Das Hebefahrzeug *Hiev* unter Leitung von Kapitän Breeden hat seine Tanks voll Wasser gepumpt, es liegt bis zum Deck im trüben Elbwasser. Bei Niedrigwasser werden die Hebetrossen angezogen, so straff wie Klaviersaiten. Bei Stauwasser beginnt die eigentliche Arbeit, der Leichter pumpt seine Tanks leer. Das andere muß die Flut besorgen, sie wird den Leichter und damit das in den starken Trossen hängende gesunkene Feuerschiff vom Meeresgrund anheben. Bedenklich beobachten die Berger die Trossen, die durch die ruckartigen Bewegungen des Leichters in der langsam gröber werdenden See aufs äußerste beansprucht werden. Überall knackt und knirscht es. Der Bergungsinspektor hält den Atem an, jetzt muß das Wrack aus dem Tonbett kommen. Es kommt nicht. Am scharfen Knick, dem Kiel des Feuerschiffes, bricht die vordere Trosse. Zwar versuchen die Berger, mit den gehaltenen Trossen am Achterschiff das Wrack stromrecht zu legen, um die Bergung zu erleichtern, aber auch das gelingt nicht. *Elbe 1* rührt sich nicht von der Stelle, der blaue Ton hat das Schiff festgesaugt.

Noch geben sich die Männer nicht geschlagen, Rückschläge sind sie gewohnt, die gehören zu ihrem Alltag. Tags darauf werden neue, noch stärkere Trossen unter das Wrack gesägt. Taucher Harmsdorf steigt wieder hinab. Eine Grundsee packt ihn und schleudert ihn gegen den Rumpf des Wracks. Doch er bleibt unten. Es sieht nicht gut aus, die Versandung nimmt stündlich zu. Für den Bergungsinspektor bedeutet die Meldung nichts Gutes, denn mit jeder Tonne Sand mehr, die sich auf dem Wrack türmt, wird die Bergung schwieriger.

Aufgeben oder weitermachen – das ist in diesen Stunden die entscheidende Frage; doch Kapitän Anischewski weiß auch, daß es hier um mehr geht als nur um eine ganz gewöhnliche Bergung eines Wracks. Er entscheidet nicht alleine, hält Rücksprache mit den örtlichen Behörden und der Reederei. Sie wollen noch einen Versuch wagen.

Wieder das alte Spiel. *Hiev* pumpt, als die Trossen, die buchtenförmig unter dem auf dem Meeresboden liegenden Wrack durchgezogen und steif gesetzt worden sind, daß sie zu brechen drohen, die Tanks leer. Als die Flut einsetzt, brechen erneut die Trossen. Das gesunkene Feuerschiff hat sich auch nicht um einen Zentimeter bewegt.

Oberinspektor Saß, Leiter des Schiffahrtsamtes, begibt sich an die Bergungsstätte in der Elbmündung, um mit den Bergern die Lage zu beraten. Offenbar, so die Meinung der Experten, ist das Schiff bereits durch die Tonschicht gesunken und in den Mahlsand geraten.

Keiner von ihnen ist glücklich, aber alle sehen ein, daß es keinen Sinn mehr hat, das Unmögliche weiter zu versuchen, der Mahlsand hat sie besiegt. So ziehen die Berger am 26. November 1936 ihre Fahrzeuge aus der Elbmündung ab.

Die eigentliche Bergung ist zwar gescheitert, nicht aber die Arbeit, die geht weiter. Am 14. Dezember meldet die »Cuxhavener Zeitung«: »Vom Wrack des in der Elbmündung gesunkenen Feuerschiffes *Elbe 1* konnte ein Teil des Leuchtfeuerturmes abgesprengt werden. Der Bergungsdampfer *Reiher* brachte heute morgen ein Turmstück nach Cuxhaven, wo es auf der Tonnenwurth an Land gegeben wurde. Auf der Reede wurde zuvor das schwer zu transportierende Turmstück von dem Bergungsleichter *Wille* an den Bergungsdampfer *Reiher* gegeben, der darauf mit mächtiger Schlagseite in den Hafen eindampfte.«

Zur gleichen Zeit wird mit den Sprengungen am Wrack begonnen, die sich bis in das Frühjahr 1937 hinziehen. Im April melden die »Hamburger Nachrichten«: »Sprengung an *Elbe 1* beendet. Die von dem Bergungsfahrzeug *Wille* und dem Bergungsfahrzeug *Reiher* vor einigen Tagen aufgenommene Sprengungsarbeit am Wrack des Feuerschiffes *Elbe 1* ist mit Erfolg beendet worden. Auf der Cuxhavener Reede hat das Hebeschiff zwei etwa neun Meter lange eiserne Mastteile an den

Wrack der „Elbe I" gesprengt

ze Hamburg, 15. Dezember.

Da das Wrack des Feuerschiffes „Elbe I" nicht mehr vollständig geborgen werden kann, ist man darangegangen, den Schiffskörper zu sprengen, um ein Hindernis für die Schiffahrt aus dem Wege zu räumen. Die Sprengungen mußten in diesen Tagen unterbrochen werden, da die Bergungsschiffe wegen des ungünstigen Wetters die Liegestelle in der Elbmündung verlassen mußten. Es ist jedoch dem Bergungsdampfer „Reiher" gelungen, einen Teil des abgesprengten Turmes vom Feuerschiff „Elbe I" zu bergen und in den Cuxhavener Hafen zu bringen.

Zeitungsausschnitt aus »Der Angriff« vom 16. Dezember 1936.

Seezeichendampfer *Neuwerk* abgegeben, der die letzten Wrackteile, die ein gefährliches Schiffahrtshindernis bedeuteten, an Land beförderte. Sobald die Messungen ergeben, daß genügend Wassertiefe über dem Wrack vorhanden ist, soll auch die Wracktonne eingezogen werden.«

Die Seeamtsverhandlung

1937: Am 28. Januar wird vor dem Hamburger Seeamt in öffentlicher Sitzung über den Untergang des Feuerschiffes verhandelt. Es kommt zu dem Ergebnis, daß der Unfall auf ein Zusammenwirken von ungünstigen Umständen zurückzuführen ist. Mängel in der Bauart, Einrichtung, Ausrüstung und Bemannung hat die Untersuchung nicht ergeben. Die Frage, ob das Schiff zur Zeit des Unfalls an einem bei schlechtem Wetter gefährdeten Platz lag, kann nicht geklärt werden, weil die Ansichten der Sachverständigen über diesen Punkt auseinandergehen. Am Schluß stellt sich hier die Frage: Warum ging das Feuerschiff nicht ankerauf und suchte weiter flußaufwärts Schutz? Darauf ist zu antworten: Feuerschiffe verlassen auch bei allerschlechtestem Wetter ihre Position nicht. Indem der Kapitän von *Elbe 1* an seinem Platz blieb, erfüllte er seine Pflicht, »wie das Gesetz es befahl«.

1937: Das »Cuxhavener Tageblatt« bringt am 13. Januar folgende Meldung unter der Schlagzeile »Der Dank des Reichsstatthalters«:
»Bekanntlich sind nach dem schweren Unglück, dem das Feuerschiff *Elbe 1* zum Opfer fiel, zahlreiche Geldspenden für die Hinterbliebenen unserem Bürgermeister Klostermann überwiesen worden. Die hier eingegangenen Spenden wurden auch dem Herrn Reichsstatthalter in Hamburg überwiesen, der ebenfalls die Verteilung der in Cuxhaven gespendeten Summen vornimmt.«

1937 erschien zur Erinnerung an das untergegangene Feuerschiff Bürgermeister O'swald *die Sonderbriefmarke »Winterhilfswerk«.*

Ende Juni erscheint vor dem Forum des Beirats der Stadt Cuxhaven der angesehene Kaufmann Hans Meyer aus der Kirchenpauerstraße und überreicht Oberbürgermeister Klostermann eine in mühsamer Kleinarbeit geschaffene Nachbildung des im Orkan gesunkenen Feuerschiffes *Elbe 1.* Das Miniatur-Modell steht auf einem auf 8 Säulen ruhenden Hallenbau mit Glaswänden. Die Bedachung trägt eine Nachbildung des Cuxhavener Leuchtturms. Am Sockel des kleinen Monuments sind auf Gedenktafeln die Namen der 15 Opfer angebracht.
Wie Hans Meyer versichert, hat er den Gedanken nicht loswerden können, für eine würdige und dauerhafte Ehrung der Toten Sorge tragen zu müssen. So entstand aus eigener Kraft das einmalige Kunstwerk.
Die »Cuxhavener Zeitung« berichtet am 26. Juni über das Ehren- und Erinnerungsmal:
»In der Mitte ist eine Glasverkleidung, deren Hauptinhalt das Modell des Feuerschiffes *Elbe 1* darstellt, denn man höre und staune, dieses Erinnerungsmal kann an die elektrische Lichtleitung angeschlossen werden, und dann leuchten die Feuer des Turms und des Schiffes genau nach dem auch in Wirklichkeit aufflammenden Blink auf. Insbesondere zur Zeit der Dämmerung geht von dieser Darstellung eine ergreifende Wirkung aus. Das in der Mitte stehende Feuerschiff des Turms zeigt elbaufwärts 4 Blink à 2 sek Licht und 3 sek Pause. *Elbe 1* gibt 8 sek Licht, 12 sek Pause. Und dann noch etwas ganz Besonderes: Die vor *Elbe 1* liegende Wracktonne leuchtet 15mal 8 sek Licht und 12 sek Pause. Wäh-

Schicksal:
Seit dem 23. September 1981 liegt die *Norderney* als Museums- und Restaurantschiff in Wilhelmshaven am Bontekai.
Sende- und Empfangsapparate:

Telefunken-Funkfeuersender
Hagenuk-Mittelwellensender Type MS 150N
Hagenuk-Allwellenempfänger Type UE 11
Hagenuk-Funksprechanlage (Grenzwelle) Type GS 50 E
UKW-Funksprechanlage, Telefunken Type 160 D

Seitenriß der Norderney 1 *nach erfolgtem Umbau.*

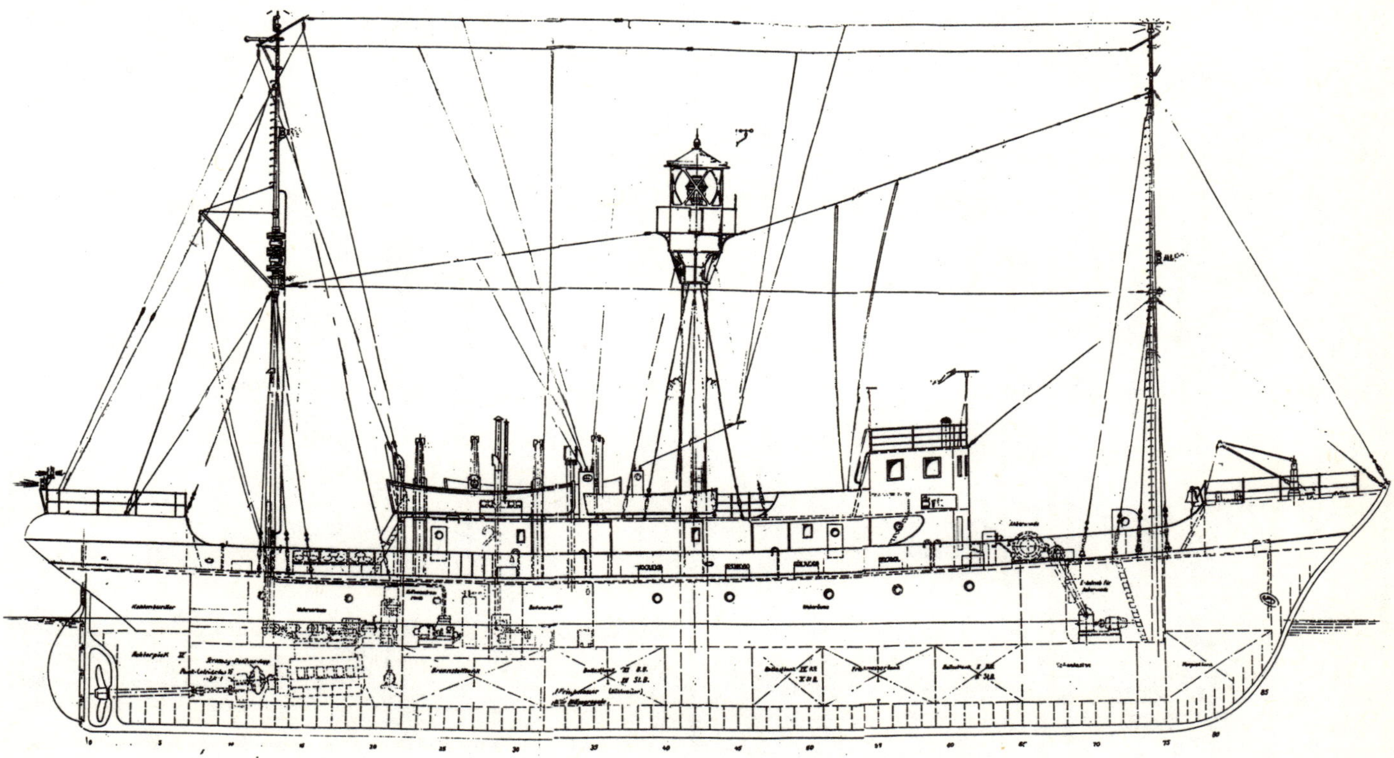

Blatt 52 aus dem Leuchtfeuerverzeichnis des Jahres 1944, Nordsee, südlicher Teil. Herausgegeben vom Oberkommando der Kriegsmarine.

Nr. 1	Name und Ort 2	Geogr. Br.: N Lg.: O 3	Zahl, Art und Farbe der Feuer 4	Höhe des Feuers über Hochwasser 5	Höhe des Turmes über Erdboden 6	Tragweite Sichtweite 7
						b) Elbe*).
		° ′		m	m	sm
800	***Elbe 1*** (Norderney 1), Dampffeuerschiff, auf 23 m Wasser. (Über das Ersatzfeuerschiff siehe Fußnote.)	54 1 8 13	**1 Blk.** Blink 8^s, Pause 12^s, Wiederkehr 20^s. El.	15,9	—	24 *13*
801	*Westertill N*, Leucht-Heultonne, N-lich von den Norder-Gründen.	53 58 8 7	**1 Blk.** Blink 2^s, Pause 3^s, Wiederkehr 5^s. Flüssiggas.	6,9	—	4
802	*Leucht-Glockentonne A*, NO-lich vom Scharhörn-Riff.	53 59 8 20	**1 Blz.** Blitz 1^s, Pause 2^s, Wiederkehr 3^s. Flüssiggas.	3,2	—	4
804	*Leuchttonne D*, N-lich von der Insel Scharhörn.	53 59 8 26	**1 Ubr.** Unterbrechung 1^s, Schein 4^s, Wiederkehr 5^s. Flüssiggas.	3,3	—	4
806	*Leuchttonne 2*, SW-lich vom Groß-Vogelsand.	54 1 8 20	**1 Blk. Grp. (2) r.** Blink 2^s, kurze Pause 3^s, Blink 2^s, lange Pause 7^s, Wiederkehr 14^s. Flüssiggas.	3,2	—	3

Siehe Fußnote S. 34/35.

*) **Bemerkungen zu den Elbe-Feuerschiffen: Ersatz-Feuerschiffe:** Als Ersatz-Feuerschiff für das auf der Station Elbe I liegende Feuerschiff „Norderney 1" dient das Feuerschiff „Weser 1", das dann die Kennzeichen der 1. Elbstation führt und Luft-Nebelsignale mit einem elektrischen Membransender in der Kennung des Stammfeuerschiffes Elbe 1 gibt. Beschreibung siehe Nr. 1400.

Als Ersatzfeuerschiff für die zweite Station (Elbe 2) dient das dreimastige Feuerschiff „Bürgermeister Kirchenpauer", das dann die Kennzeichen der 2. Station führt.

Nr. 8	Beschreibung des Leuchtfeuerträgers 9	Bemerkungen 10
b) Elbe*).		
800	Rotes, eisernes, zweimastiges Schiff mit einem gelben Feuerturm zwischen den Pfahlmasten und der weißen Aufschrift Elbe 1 an beiden Seiten. Zwischen dem vorderen Mast und dem Feuerturm ein gelber Schornstein. An der Stenge des hinteren Mastes ein schwarzer Ball. Funkeinrichtung.	Ankerlaterne am Bug und am Heck. ***Bei Nebel oder unsichtigem Wetter*** gibt das Feuerschiff folgende Signale: a) Luft-Nebelsignale mit elektr. ***Membransender*** (Tonhöhe 525), Morsebuchstaben L (•▬••): Ton $1{,}5^s$, Pause $1{,}5^s$, Ton $4{,}5^s$, Pause $1{,}5^s$, Ton $1{,}5^s$, Pause $1{,}5^s$, Ton $1{,}5^s$; lange Pause $16{,}5^s$; Wiederkehr 30^s. b) Wasser-Nebelsignale mit elektr. ***Membransender*** (Tonhöhe 1050), Morsebuchstabe L (•▬••): Ton $1{,}66^s$, Pause $1{,}66^s$, Ton 5^s, Pause $1{,}66^s$, Ton $1{,}66^s$, Pause $1{,}66^s$, Ton $1{,}7^s$; Gesamtdauer 15^s, lange Pause 45^s; Wiederkehr 1^m. c) Funkfeuer und Funkpeilsignale in Verbindung mit den Wasser-Nebelsignalen zur Richtungs- und Abstandsbestimmung siehe Nautischer Funkdienst. Über Flaggenführung, Vertreiben, Warnsignale und Abgabe von Wasser-Nebelsignalen zur Übung s. Fußnote S. 34/35. Das Schiff liegt ohne Muring vor 240 m Kette. Keine Ortstonne.
801	Weiße Tonne mit rotem Ball und zwei roten Kegeln, Spitze oben, darüber. Schwarze Aufschrift Westertill N.	—
802	Rote Tonne mit weißer Aufschrift A.	—
804	Rote Tonne mit weißer Aufschrift D.	Bei Eisgefahr durch eine rote Spierentonne D ersetzt.
806	Schwarze Tonne mit weißer Aufschrift 2.	—

Als Ersatzfeuerschiff für die dritte Station (Elbe 3) dient das Stammfeuerschiff der 2. Station, „Bürgermeister Bartels", das dann dieselben Feuer zeigt und dasselbe Luft-Nebelsignal gibt wie das Stammfeuerschiff für Elbe 3. Beschreibung siehe Nr. 812. Bei Betriebsstörungen Signale mit Glocke, und zwar 3 Gruppen von je 3 Schlägen in derselben Art wie auf Feuerschiff Elbe 2.

Als Ersatzfeuerschiff für die vierte Station (Elbe 4) dient das dreimastige Feuerschiff „Bürgermeister Abendroth", das dann die Kennzeichen der 4. Station führt.

Unterstellung der Leuchtfeuer auf der Elbe. Alle Feuer, bei denen nichts anderes angegeben ist, sind der Reichswasserstraßenverwaltung, Wasserstraßendirektion Hamburg, unterstellt.

Um die Jahrhundertwende entwickelt die Julius Pinsch A.G. in Berlin einen Leuchtapparat, der von einer einzigen Lichtquelle gespeist wird und sich darum für Leuchtschiffe besonders gut eignet. Die Vorteile sind überzeugend: Statt bis zu neun Lampen, die gewartet werden müssen, die auch nicht immer gleichmäßig hell brennen, erleichtert der neue Leuchtapparat die Bedienung, verbessert die Lichtstärke und sichert eine Gleichmäßigkeit der Beleuchtung.

Die *Norderney* wird als erstes Leuchtschiff mit der von Julius Pinsch konstruierten Laterne mit Drehfeuerapparat ausgerüstet.

Max Buchwald schreibt im »Prometheus« (1909) über die neue Lichtanlage:

»Diese Aufstellungsart des ganzen Apparates mit schwerem, tiefliegendem, im Universalgelenk hängendem Pendel läßt eine bedeutend höhere und daher die Sichtweite vergrößernde Anbringung des Leuchtfeuers zu als die früher übliche der einzelnen Lampen, und man erreicht jetzt Feuerhöhen von 16 m gegen früher höchstens 12 m. Und dabei mußten die alten Apparate bei schwerem Sturm häufig tiefer gehängt werden, um überhaupt betriebsfähig zu bleiben. Über die auf den Feuerschiffen in Anwendung stehenden Beleuchtungsmaterialien ist noch zu bemerken, daß heute meist Petroleum und Fettgas, ersteres bereits häufiger, letzteres stets in Glühlichtbrennern, benutzt werden. Vereinzelt ist auf Dampfschiffen auch elektrisches Licht in Anwendung gekommen, da diese Fahrzeuge die hierfür erforderliche Kraftzentrale leicht in Betrieb halten können.

Die durch Julius Pintsch eingeführte Beleuchtung mit komprimiertem Fettgas hat übrigens auch die an weniger wichtigen Stellen verschiedentlich erfolgte Auslegung unbemannter und daher im Betriebe sehr wohlfeiler Feuerschiffe möglich gemacht. Solche Fahrzeuge vermögen allerdings durch Vertreiben der Schiffahrt als Irrlicht sehr gefährlich zu werden, sie werden deshalb nur an solchen Orten ausgelegt, an denen sie von anderen Stationen aus unter ständiger Aufsicht und Beobachtung gehalten werden können.«

1937: 15. Februar: Dampfer *Elisabeth* kollidiert im dichten Schneetreiben mit Feuerschiff *Elbe 1.* Nur geringer Sachschaden auf beiden Fahrzeugen, keine Seeamtsverhandlung.

Mitte Juli: Zwecks Instandsetzungsarbeiten wird *Elbe 1* von Station genommen und durch *Weser 1* ersetzt.

16. Oktober: *Norderney* wieder auf der Stammposition

Hafenkonzert von Feuerschiff Elbe 1

1938: 1. Januar: Der an der Küste und im Binnenland bekannte »Drei-Tonnen-Kapitän« Carl Herbert leistete sich manches Kabinettstückchen. Nicht immer ging es gut aus. So meldet er sich an diesem Sonntagmorgen mit den Worten: »Liebe Hörer zu Hause an den Geräten. Uns hier draußen auf Feuerschiff *Elbe 1* bietet sich ein phantastischer Ausblick auf die vom Sturm zerfurchte, grüngraue Nordsee mit ihren gischttragenden Wellen. Am Horizont taucht jetzt der stolze Viermaster *Padua* der Hamburger Reederei Laeisz auf. Von Chile kommend, schwer mit Salpeter beladen, stürmt er, alle Segel voll beigesetzt, der heimatlichen Elbmündung entgegen. Noch ein par Stunden, und die Jungen werden ihre Bräute in die Arme nehmen.«
Eltern der an Bord befindlichen Zöglinge reisen umgehend nach Hamburg, um die Ankunft des Segelschiffes nicht zu versäumen. Doch das Schiff kommt nicht. In Wahrheit steht die *Padua* noch bei Texel. Das wollen die Eltern nicht glauben. Sie befürchten, daß die Reederei versucht, ihnen etwas zu verheimlichen, und das kann nur ein Unglück sein. Der Reederei bleibt nichts anderes übrig, als einen Bananendampfer zur *Padua* zu beordern, um den Viermaster, so schnell es geht, nach Hamburg zu schleppen.
17. Mai: Feuerschiff von Station
6. August: *Norderney* wieder ausgelegt
19. September: Feuerschiff erneut abgelöst
15. November: Stammfeuerschiff wieder ausgelegt

Unfall oder Selbstmord?

1938: 19. Juni: Eine schöne Sommernacht auf der Elbe. Klar leuchtet das Sternenbild des Orion. Aus Westen setzt sich eine leichte Brise durch, die sich bemüht, die Restwärme des Sommertages zu verwehen. Wegen einer anberaumten Fliegerübung ist auf dem Feuerschiff *Elbe 1* eine Doppelwache aufgezogen. Warum weiß keiner, aber es ist Vorschrift. Zusammen mit dem Matrosen Rang lehnt der Schiffszimmermann Ernst Cerniak an der Reling. Sie beobachten den Verkehr, ein- und auslaufende Dampfer, deren bunte Positionslaternen aus der See auftauchen. Über ihren Köpfen huschen in regelmäßigen Abständen helle Bahnen bis hin zum fernen Horizont, Armen gleich, die heimkehrende Schiffe aufnehmen und sicher weiterleiten.
Der 47jährige in Groß Nordsee geborene Schiffszimmermann macht einen gefaßten Eindruck. Vielleicht ist er etwas zu aufgekratzt, als er noch einmal auf die von ihm neulich angezettelte Schlägerei zu sprechen kommt. Leid tut es ihm nicht, denn der Maschinist hatte eine Abreibung verdient. Von dieser Meinung läßt er sich nicht abbringen. Das haben schon andere versucht, so der Steuermann Rudolf Karl Bruhn und der Funkenpuster John Presch.
Beliebt ist der Zimmermann nicht an Bord, und die Matrosen Meyer, Rang und Rippe hätten nichts dagegen, wenn er auf ein anderes Feuerschiff versetzt würde, wie das üblich ist, wenn sich einer beim Amtsvorstand verantworten muß. Die Verhandlung ist für den 20. Juni angesetzt. Ihm wäre eine Versetzung sogar sehr angenehm, betont der Schiffszimmermann. Der Matrose

Grau weiß, daß das nicht stimmt, aber er beläßt es dabei.

Nach der Fliegerübung, sie hat nur rund 30 Minuten gedauert, verabschiedet sich Grau und geht schlafen. Ernst Cerniak bleibt allein auf Wache. Er hat Zeit nachzudenken. Um 02.00 Uhr soll er seine Ablösung wecken.

Durch einen Zufall wacht Alfred Meyer auf. Er sieht zur Uhr, erschrickt, geht rasch an Deck, glaubt, verschlafen zu haben. Er sucht den Schiffszimmermann, doch vergeblich. Schließlich weckt er den Steuermann, der in Abwesenheit des Kapitäns das Kommando führt.

Elbe 2 und der Lotsendampfer werden benachrichtigt, doch das ist mehr eine Routinesache. Beim Absuchen entdecken sie, daß die Leine und die Boje des Strommeßgerätes verschwunden sind, und sie nehmen an, daß der erfahrene Schiffszimmermann beim Einholen des Gerätes ins Wasser gefallen und ertrunken ist. In den zurückliegenden zwei Jahren, die Ernst Cerniak auf dem äußeren Feuerschiff Dienst tat, hat er oft genug die Strommeßdaten erfaßt, bei gutem, aber auch bei sehr schlechtem Wetter. Merkwürdig ist sein Verschwinden allemal.

Das Seeamt glaubt an einen Unfall, der aber dem Feuerschiff Anlaß sein sollte, durch Organisation sicherzustellen, daß ein solcher Wachausfall rechtzeitiger bemerkt wird.

VI.

Verzeichnis der Feuerschiffe an der deutschen Küste nach dem Stande vom 1. Januar 1939.

(Die geographischen Signale sind dem geographischen Teile des „Internationalen Signalbuchs" entnommen. Die mit Wasserschallsendern ausgerüsteten Feuerschiffe sind hinter dem Namen mit 🔔, die mit Funkstellen ausgerüsteten mit ʓ und die mit Funkfeuern ausgerüsteten mit Ⓕ bezeichnet.)

Laufende Nr.	Geographisches Signal der Feuerschiffsstation	Name des Schiffes	Internationales Unterscheidungssignal beim Verlassen der Feuerschiffsstation	Vorgesetzte Dienststelle
1	AACJ	Adlergrund 🔔 ʓ Ⓕ	DSCR	Hafenbauamt Swinemünde
2	AAMX	Amrumbank 🔔 ʓ Ⓕ	DSEK	Wasserbauamt Tönning.
3	AAZK	Außeneider 🔔 ʓ	DSEL	
4	AAZL	Außenjade 🔔 ʓ	DTAU	Seezeichen- und Lotsenamt der Jade, Wilhelmshaven.
5	ABZN	Borkumriff 🔔 ʓ Ⓕ	DSGA	Wasserbauamt Emden.
6	—	Borkumriff Reserve 🔔 ʓ Ⓕ	DSGB	
7	ACCP	Bremen I ʓ	DSLH	
8	—	Bremen II ʓ	DSMG	Wasserstraßenamt Bremerhaven.
9	AFHA	Elbe 1 *) 🔔 ʓ Ⓕ		
10	AFHB	Elbe 2 (Bürgermeister Bartels) ʓ	DSIB	
11	AFHC	Elbe 3 (Senator Brockes) ʓ	DSIC	Wasserstraßenamt Cuxhaven.
12	AFHD	Elbe 4 (Bürgermeister Kirchenpauer) ʓ	DSID	
13	AFRU	Fehmarnbelt 🔔 ʓ Ⓕ	DSEE	
14	AFVN	Flensburg 🔔 ʓ	DSEC	Wasserbauamt Kiel.
15	AIKR	Kiel 🔔 ʓ Ⓕ	DSED	
16	AKNE	Minsener Sand 🔔 ʓ	DTMJ	Seezeichen- und Lotsenamt der Jade, Wilhelmshaven.
17	ALKO	Norderney I 🔔 ʓ Ⓕ	DSLD	Wasserstraßenamt Bremerhaven
18	—	Norderney II 🔔 ʓ Ⓕ	DSLE	
19	—	Reserve Holtenau 🔔 ʓ Ⓕ	DSEF	Wasserbauamt Kiel.
20	—	Reserve Jade 🔔	DTRJ	Seezeichen- und Lotsenamt der
21	—	Reserve Minsener Sand	DTRM	Jade, Wilhelmshaven.
22	—	Reserve Ostsee 🔔 ʓ Ⓕ	DSEG	Wasserbauamt Kiel
23	—	Reserve Tönning 🔔 ʓ Ⓕ	DSEM	Wasserbauamt Tönning.
24	—	Wrackfeuerschiff Neptun	DSIE	Wasserstraßenamt Cuxhaven.
25	—	Wrackfeuerschiff Krautsand	—	Wasserstraßenamt Hamburg.
26	—	Ersatzfeuerschiff Bürgermeister Abendroth ʓ.	DSIF	Wasserstraßenamt Cuxhaven.
27	ARHW	Weser I 🔔 ʓ Ⓕ	DSLF	Wasserstraßenamt Bremerhaven
28	—	Weser II 🔔 ʓ Ⓕ	DSLG	

*) Auf der Lage des Feuerschiffs Elbe 1 liegt bis auf weiteres ein Reservefeuerschiff aus.

Verzeichnis der Feuerschiffe an der deutschen Küste am 1. Januar 1939. Quelle: Handbuch der deutschen Handelsmarine 1939.

Chronik (1936 bis 1948)

1940: 23. Januar: Infolge schweren Eisganges auf der Unterelbe und der Elbmündung vertreibt das Kriegsfeuerschiff *H* um 500 m in nordwestlicher Richtung.
27. Mai: Kriegsfeuerschiff *H*, Position 53° 59,6′ Nord und 8° 24,8′ Ost, hat Kennung geändert. Der bisher als Festfeuer gezeigte innere 90°-Sektor brennt jetzt auf Anforderung mit der in der S.B.-Karte vorgesehenen Blink-Kennung.
1. Juli: Die Tragweite des Leuchtfeuers vom Feuerschiff *H* ist auf 7 sm herabgesetzt.
4. September: Wegen Instandsetzungsarbeiten wird das Feuerschiff abgezogen und durch *Reserve Tönning* ersetzt.
12. Oktober: Instandsetzungsarbeiten beendet. Kriegsfeuerschiff *H (Norderney)* wieder auf Position.
1941: 4. August: Feuerschiff *H* zur jährlichen Instandsetzung abgezogen und durch *Reserve Tönning* ersetzt.
20. September: *Norderney* zurück auf Station.

Motorsegler sinkt nach Kollision mit Kriegsfeuerschiff H

1942: 7. April: In den frühen Morgenstunden steuert der in Hamburg beheimatete Motorsegler *Armin* seewärts. Eine steife Brise weht aus Südwest, aber das 1905 gebaute Küstenschiff liegt gut in der kabbeligen See. J. P. Tiemann, Kapitän und Eigner, lehnt aus dem Fenster und pafft seine Morgenpfeife. Am Ruder lümmelt mit Hans Otto Zimmermann ein junger Matrose, der noch nicht lange an Bord ist, während der Schiffsjunge Löscher in der kleinen Kombüse hockt und Kartoffeln schält. Ausnahmsweise gibt es heute keine Klüten.
In der vergangenen Nacht führten britische Bomber Störangriffe gegen das westliche Reichsgebiet durch. Nachtjäger und Flakartillerie schossen drei der angreifenden Bomber ab. So meldet der Wehrmachtsbericht. Tiemann äußert sich nicht dazu, er nickt nur nachdenklich mit dem Kopf.
Sie haben das Kriegsfeuerschiff *K (Elbe 2)* passiert, und voraus an Steuerbord, etwa 4 Strich, liegt das äußerste Feuerschiff auf Position. Es ist nicht viel los an diesem Morgen in der Elbmündung, und weit haben sie es ja nicht über See, denn sie sollen Papiertüten nach Oldenburg bringen. Eine saubere Ladung und eine ausreichende Fracht. Der Eigner ist zufrieden. Weil wenig los ist, nutzt der Alte die Gelegenheit, um im winzigen Maschinenraum nach dem Rechten zu sehen. Er entdeckt ausgelaufenes Öl auf den Flurplatten: Schmieröl. Aus einer Zuleitung tropft es heraus, nicht viel, aber stetig. Fällt die Schmierung aber aus, dann ist der 50 PS starke Zweizylinder-Diesel nur noch Schrott wert. Guter Rat ist teuer. Der Motor muß für kurze Zeit abge-

stellt werden, auch ist es nicht einfach, das Loch im dünnen Rohr zu dichten. Zum Glück findet der Schiffer Isolierband. Mit ihm stopft er schließlich das Loch. Als er noch so dasteht und mit sich zufrieden ist, reißt ihn der Hilferuf »Kapitän – das geht nicht klar« aus seinen Gedanken. Weit hat er es nicht an Deck, zwei, drei Meter, ein kleiner Niedergang, schon ist er draußen, aber er kommt zu spät. Seine *Armin* liegt quer vor dem Bug des Feuerschiffes, und der kräftige Strom drückt sie unaufhaltsam drauf. Da ist nichts mehr zu machen, selbst beten hilft nicht mehr. Stark legt sich beim Zusammenstoß der Küstenewer über, der Mast bricht, schon rauscht Wasser in das Innere des Schiffes.

Der dreiköpfigen Besatzung gelingt es noch, das Beiboot zu besetzen, bevor ihnen ihr Schiff buchstäblich unter den Füßen wegsackt, 200 Meter vom Kriegsfeuerschiff *H* entfernt, auf dem Kapitän Heere Bohlen Alarm auslöst.

Die *Dietmar Koel* nimmt die Schiffbrüchigen auf und bringt sie nach Cuxhaven. Das Feuerschiff hat nur leichte Schäden erlitten. Zwar wurde das ausgeschwungene Rettungsboot aus den Taljen gerissen, aber es kann schnell wieder aufgefischt werden. Verloren ist die *Armin*, eine Bergung des Schiffes ist nicht möglich.

1942: 28. Juli: Kriegsfeuerschiff *H* wird durch das Leuchtschiff *Borkum Riff* ersetzt.
13. September: Überholung beendet, Schiff geht wieder auf Position.

1943: 20. Juli: *Norderney* abgezogen zwecks jährlicher Inspektion.
4. August: Kriegsfeuerschiff *H* wieder ausgelegt.

Ab heute wird zurückgeschossen

1943: Auf der *Norderney* gibt es Kapitäne, die sind wie ihre Männer heilfroh, wenn einfliegende Kampfflugzeuge das Feuerschiff in großer Höhe nur überfliegen und es ansonsten in Ruhe lassen, als hätten sie die rote Elbe-Ansteuerungsmarke als Anflugpunkt auserkoren. Als aber immer mehr und immer öfter Bomber in geschlossenen Formationen ihre tödlichen Lasten über dem Reichsgebiet abladen, zürnen die Männer an Bord, hadern mit der oberen Führung und bangen um ihre persönliche Sicherheit. Von Feldmarschall Göring, dem Mann, der »Meier« heißt, halten sie nicht mehr viel. In der Elbmündung ankert auf Position von *Elbe 2* das Kriegsfeuerschiff *H*. Hier ist es vor U-Bootangriffen geschützt. Es liegen noch andere Wachschiffe in der Nähe, und dann sind da noch die Flakbatterien an der nahen Küste mit ihren weitreichenden Kanonen. Sie schießen Sperrfeuer, wenn englische Flugzeuge Schiffe in der Elbmündung angreifen.

Wie schon gesagt, das auffällig markierte Feuerschiff lassen die englischen Piloten in Ruhe. Das wirkt sich auf die Crew der *Norderney* beruhigend, andererseits aber auch unbefriedigend aus. Sie fühlen sich von den Tommys bevorzugt behandelt, und genau das wollen sie nicht. Bei Fliegeralarm werden natürlich die beiden kleinen Kanonen besetzt. Als Geschützführer sind zwei Fachleute an Bord, bedächtige, ältere Obermaaten, die so leicht nichts aus der Ruhe bringt. Geschossen haben sie auf dem Feuerschiff auch schon, so zum Spaß, und gelegentlich auf Treibminen, ohne sie zu treffen.

Kapitänswechsel: Ein Neuer kommt an Bord, ein gedienter, der ansonsten keine Ahnung hat vom Leben auf einem Feuerschiff. Und dann ist wieder einmal Flie-

---

Nachtrag

Nordsee und Europäisches Nordmeer

61. Deutschland. Elbe. Schiffahrtsvorschrift.
Die Sperrlücke darf nur mit gemäßigter Fahrt, höchstens mit 9 sm, durchfahren werden.
Wird an der Sperre gearbeitet, so ist mit der Fahrt weiter herunter zu gehen, bis zur Grenze der Steuerfähigkeit, damit die Arbeiten nicht gestört werden. Das arbeitende Fahrzeug setzt während seiner Tätigkeit Flagge „Rot" im Mast.
Die Sperrordnung für die Elbe, *M. Dv. Nr. 213 k,* Ziffer 11 ist entsprechend, zu berichtigen.
[M. O. K. Nord, Oberquartiermeisterstab 8. Januar 1944 (158) (Skl H 270)]

62. Deutschland. Elbe. Leuchtschiff H. Maßnahmen.
Geogr. Lage: Ungf. 53° 59,6′ N, 8° 24,9′ O.
Angaben: Leuchtschiff H zeigt auf Anforderung für auslaufende Geleitzüge das Feuer ab 0130 Uhr.
Bei Fliegeralarm wird das Feuer gelöscht und dafür alle 5 m der Morsebustabe *H* dreimal hintereinander mit der Topplaterne gegeben.
S. B.-Plan für die Nordsee. Abschnitt II, lfd. Nr. 2.
[M. O. K. Nord, Oberquartiermeisterstab 8. Januar 1944 (158) (Skl H 270)]

63. (H) Deutschland. Elbe. NO-lich von Cuxhaven. Tonne verlegt.
Frühere Kriegs-N. f. S.: 44—5 (P).
Neue geogr. Lage: 53° 52′ 29,5″ N, 8° 43′ 45″ O.
Angaben: Die schwarze, spitze Tonne 14 a ist nach dem obigen Ort verlegt worden.
S. B.-Karte der Nordsee Nr. 138 G und Plan; S. B.-Plan für die Nordsee, Abschnitt II, lfd. Nr. 32.
[M. O. K. Nord, Oberquartiermeisterstab 11. Januar 1944)]

64. (H) Deutschland. Elbe. Cuxhaven. Sperrlückenfahrzeug West ausgewechselt.
Frühere Kriegs-N. f. S.: 43—116.
Angaben: Das Sperrlückenfahrzeug *West* ist gegen einen *Lat* (leichter Artillerieträger) ausgewechselt worden.
Sperrordnung für die Elbe — M. Dv. Nr. 213 k, Anl. 2, lfd. Nr. 7 —.
[M. O. K. Nord, Oberquartiermeisterstab 8. Januar 1944 (157) (Skl H 269)]

65. (H) Deutschland. Elbe. Brunsbüttel-Reede. Nachrichtenboje (Fernsprechboje) befeuert.
Frühere Kriegs-N. f. S.: 43—2029.
Geogr. Lage: 53° 53′ 8″ N, 9° 10′ 52″ O.
Angaben: Die Tonne hat Bojenleuchte erhalten.
Kennung: Weißes Blinkfeuer mit Einzelblink: Blink 2 s, Pause 4 s, Wiederkehr 6 s.
Karteneintragung: Bei der Tonne Blk.
Krt. D. 247, D. 49.
[M. O. K. Nord, Oberquartiermeisterstab 10. Januar 1944 (236) (Skl H 251)]

Aus »Nachrichten für Seefahrer«, Januar 1944.

geralarm. Sofort stürzen die Männer auf ihre Positionen. Die beiden Geschütze sind schnell schußklar. Vielleicht hat der Alte Angst, als er zu feuern befiehlt. Sinn hat das nicht, denn die Tommys fliegen viel zu hoch für die kleinen Geschütze, aber schießen beruhigt die Nerven. Und so ballert *Norderney*, was das Zeug hergibt. Einer der englischen Piloten versteht das falsch und greift im Tiefflug das festvertäute Feuerschiff mit Bordwaffen an. Geschoßbahnen wandern in rasendem Tempo auf die *Norderney* zu. Alles geht blitzschnell. Die Geschützbedienungen verlassen die Kanonen und werfen sich auf das Deck. Laut dröhnt der Motor des Jagdflugzeuges über ihnen. Warum er keine Bomben wirft und nach dieser Drohgebärde abhaut, den Kameraden nach, versteht keiner, auch nicht der Kapitän der *Norderney*. Leichenblaß steht er an der Reling und stiert dem schnell entschwindenden Flugzeug nach.
»Dem haben wir's aber gegeben«, sagt einer der Matrosen nachdenklich. Der Kapitän äußert sich nicht weiter, aber nach diesem Kraftakt folgt kein zweiter mehr, und keiner an Land fragt, warum die *Norderney* keine Munition anfordert.

Nordsee und Europäisches Nordmeer

1681. (H) Deutschland. NW-lich von Hörnum-Odde. Wrack.

Geogr. Lage: Ungf. 54° 47,8′ N, 8° 8,7′ O.

Angaben: An diesem Ort ist ein Fahrzeug gesunken. Das Wrack wird nicht bezeichnet.

Karteneintragung: Das Zeichen für ein gefährliches Wrack.

S. B.-Karte Nr. 61 N-Blatt, D. 50 G.

[M. O. K. Nord, Oberquartiermeisterstab 27. Oktober 1944 (17 988)]

1682. (H) Deutschland. Elbe. Leuchtschiff H (Hans) eingezogen. Leuchttonne ausgelegt.

Frühere Kriegs-N. f. S.: 44—227.

Geogr. Lage: Ungf. 53° 59,6′ N, 8° 24,0′ O, am Ort des eingezogenen Leuchtschiffes *H*.

Karteneintragung: Schwarze Leuchttonne *H* mit **Blz. Grp. (2).**

Angaben: Das Leuchtschiff *H* ist gegen eine schwarze Leuchttonne *H* ausgewechselt.

Kennung: Weißes Blitzfeuer mit einer Gruppe von zwei Blitzen: Blitz 1 s. kurze Pause 1 s. Blitz 1 s. lange Pause 5 s. Wiederkehr 8 s.

S. B.-Karte Nr. 138: S. B.-Plan für die Nordsee. Abschnitt II, lfd. Nr. 2, 13 a und Maßnahmen I (Ida) und K (Karl).

[M. O. K. Nord, Oberquartiermeisterstab 27. Oktober 1944 (17 873)]

Aus »Kriegsnachrichten für Seefahrer«. Diese Nachrichten mußten geheim gehalten werden. (Oktober 1944)

1944: 8. Januar: Das Marine-Oberkommando Nord, Oberquartiermeisterstab, meldet: Leuchtschiff *H* zeigt auf Anforderung für auslaufende Geleitzüge das Feuer ab 01.30 Uhr. Bei Fliegeralarm wird das Feuer gelöscht. Dafür wird alle 5 Minuten der Morsebuchstabe H dreimal hintereinander mit der Topplaterne gegeben.
März: Leuchtschiff *H* Maßnahmen: Schiff zeigt auf Anforderung für auslaufende Geleitzüge den Innensektor. Uhrzeit wird durch Funkspruchverkehr vom Elbe-Weser-Radio übermittelt. Bei Fliegeralarm wird das Feuer gelöscht, dafür alle 5 Minuten der Morsebuchstabe H dreimal hintereinander mit der Topplaterne gegeben. Das Löschen des Feuers kann durch das letzte Schiff des Geleitzuges oder durch ein Begleitboot bei Leuchtschiff *H* unmittelbar bzw. vom Kommandanten im Abschnitt Cuxhaven veranlaßt werden.
Sommer: Leuchtschiff *H* eingezogen. Leuchttonne am Ort des eingezogenen Leuchtschiffes ausgelegt.

1945: 13. August: Das »Deutsche Maritime Institut Hamburg« gibt mit Genehmigung des »British Naval Commander-in-Chief-Germany« bekannt, daß auf Position 54° 0′ Nord, 8° 10′ Ost, das Feuerschiff *Elbe 1* ausgelegt worden ist.

Von der Elbe via Weser zur Jade

Unbemerkt von der Öffentlichkeit kehrt am 17. Februar 1949 das Feuerschiff *Norderney I* in seinen Heimathafen Bremerhaven zurück. Das Schwesterschiff, die *Norderney II*, ist am 8. September 1944 auf der Station »Alte Weser« durch Fliegerangriff versenkt worden. Drei Jahre lang dient *Norderney I* als Reservefeuerschiff und löst, wenn notwendig, die neue *Bürgermeister O'swald* in der Elbmündung ab.
1952 erfolgt auf der Staatswerft in Rendsburg-Saatsee der Umbau zu einem modernen Feuerschiff. Die alte Dampfmaschine muß einem Dieselmotor weichen. Mit neuen Aufbauten, Inneneinrichtungen und einem neuen Anstrich versehen, findet am 11. März 1954 die Probefahrt statt. Nach Erledigung der Restarbeiten auf der Werft nimmt das Feuerschiff *Norderney* die inzwischen verwaiste Position »Weser« ein. In den Winterstürmen der folgenden Jahre bricht mehr als einmal die starke Ankerkette. Im Februar 1955 verlegt die *Norderney* auf die Station »Bremen«. Im August des folgenden Jahres muß das Feuerschiff erneut umgebaut werden, diesmal auf der Seebeck-Werft in Bremerhaven. Die Stabilität wird erheblich verbessert, der Motor erhält ein Untersetzungsgetriebe und das Schiff eine größere Schraube. Nach erfolgtem Umbau kehrt das Schiff zurück auf die Station »Weser«, bis es am 23. September 1981 durch die gleichnamige Großtonne ersetzt wird.

Die *Norderney* entgeht der Schrottpresse und macht im Hafen von Wilhelmshaven fest, unweit der Kaiser-Wilhelm-Brücke. Die einheimische Seglerkameradschaft »Störtebeker« übernimmt das Kommando und macht aus dem rostigen Eimer ein schmuckes Museumsschiff. Die Brücke des Feuerschiffes ist zu einem Konferenzraum umgebaut worden, in dem maritime Stammtische abgehalten werden. Ein Stockwerk tiefer ist die Gastronomie, die mehr als Schiffszwieback und Grog anbietet. 17 Kojen stehen jungen Seglern als Übernachtungsmöglichkeit zur Verfügung. In der früheren Funkbude hat sich die Clubstation des Ortsverbandes Wilhelmshaven im Deutschen Amateur-Radio-Club niedergelassen und internationale Kontakte geknüpft. Die Seglerkameradschaft »Störtebeker« zeigt, wie vielseitig ein altes Schiff genutzt werden kann. Die *Norderney* heißt heute *Weser* (Telefon 04421/44679).

Feuerschiff Bürgermeister O'swald

Bauwerft: Jos. L. Meyer
Bauort: Papenburg
Bauvergabe: Februar 1939
Baukostenvoranschlag: 1,5 Mio Mark
Ablieferung: 1. November 1948

BRT: 641
Länge über alles: 57,30 m
Länge zwischen den Loten: 49,00 m
Breite auf den Spanten: 9,50 m
Seitenhöhe: 6,05 m

Feuerschiff Bürgermeister O'swald, *Längsschnitt.*

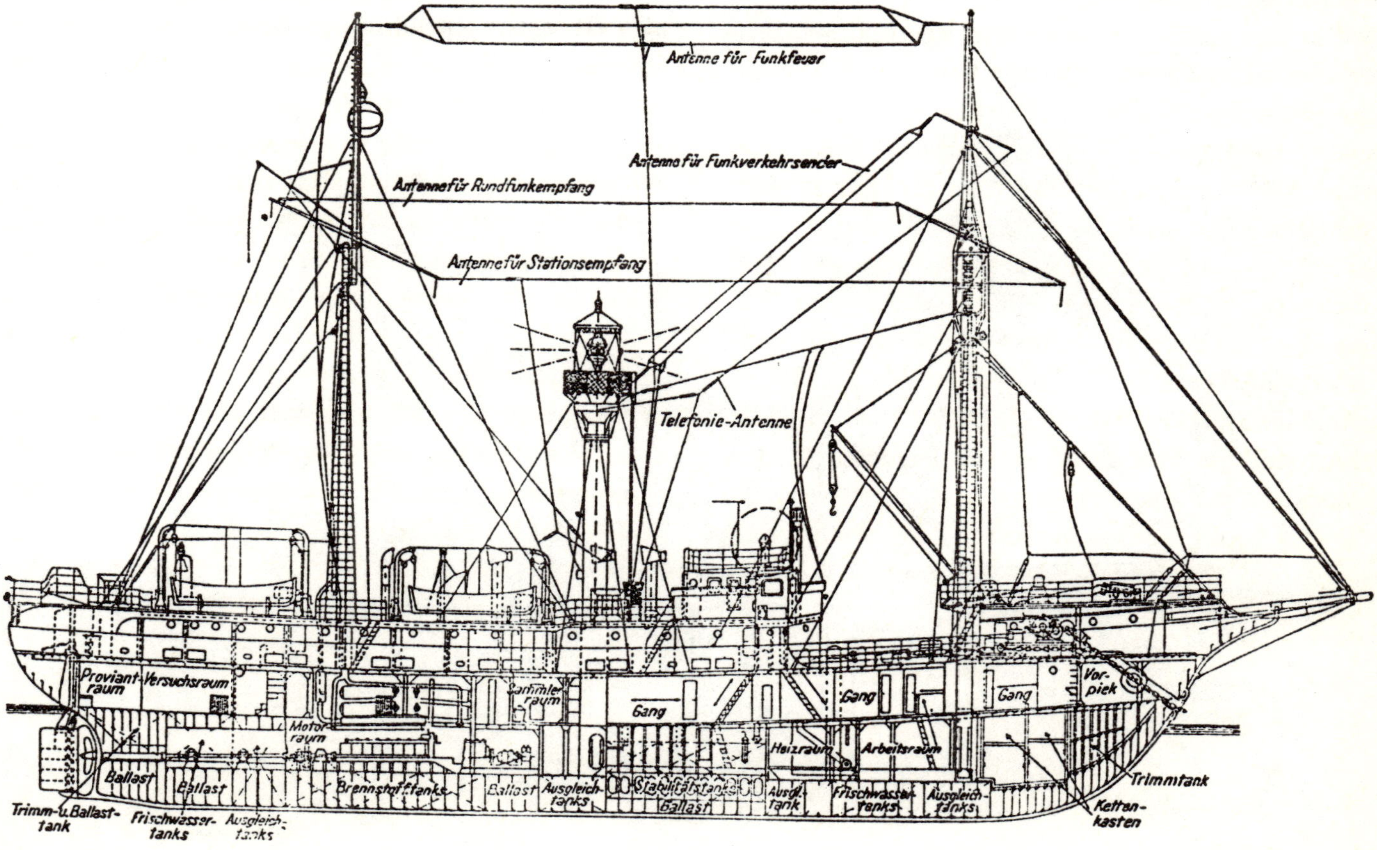

Tiefgang: 4,50 m
Maschinenanlage 1948: Direkt umsteuerbarer Acht-Zylinder-Viertakt-Dieselmotor MAN
Maschinenleistung: 500 PS
Maschinenanlage 1970: 650 PS (MAN-Motor)
Höhe des Feuers: 15 m über dem Wasserspiegel
Tragweite: 23 sm. Ab 1982 17 sm
Sichtweite: 12 sm
Lichtquelle 1948: 2000 Watt
Lichtquelle 1982: 1500 Watt
Kennung: Gleichtakt 10 sek
Besatzung: Kapitän, 3 Funker, 2 Maschinisten, 1 Elektriker, 1 Koch, 1 Aufwärter, 6 Matrosen und 2 Motorenwärter

Ab 1982: Kapitän, 2 Maschinisten, 1 Elektriker, 1 Koch, 1 Aufwärter, 6 Matrosen, 2 Motorenwärter
Besondere Ausrüstung: Signalscheinwerfer, Unterwasserglockensignalanlage, Preßluftsignalanlage, Akkumulatorenbatterie, Kühlraum, quarzgesteuerter Funkfeuersender, Telegraphie, Telefonie, Bordfunkpeiler. Später kommen hinzu: Funkbeschickungssender, Radarantwortbake, Decca-Verfahren, Kreiselkompaß, UKW.
Verankerung: 3 t schwerer Pilzanker mit 250 m Kette, 55 mm ∅
Klassifikationsgesellschaft: Germanischer Lloyd. Das Schiff wurde nach den Vorschriften und unter Aufsicht des GL entsprechend dessen höchster Klasse mit (E) erbaut.

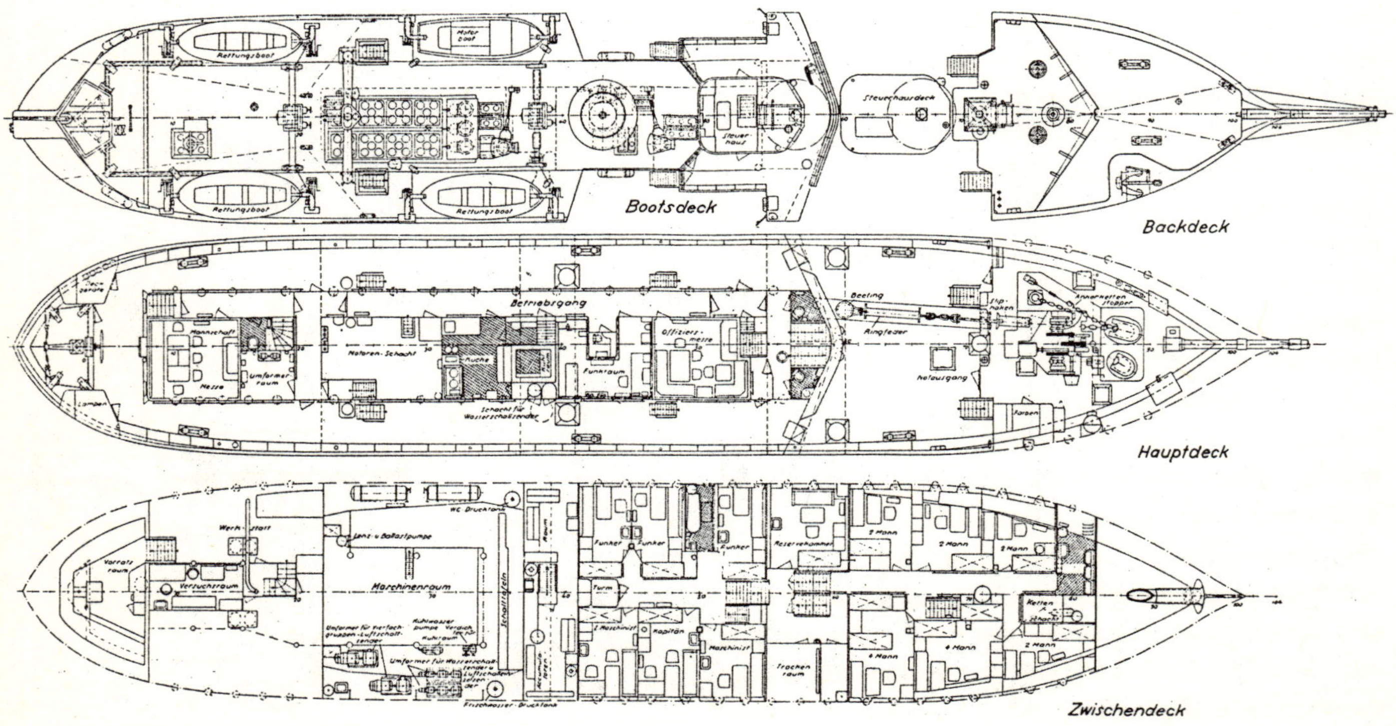

Decksplan Elbe 1, Bürgermeister O'swald *1948*

Das Ei des Bauassessors

Um eine Wiederholung der *Elbe 1*-Katastrophe unmöglich zu machen, befassen sich nach 1936 die Schiffbauingenieure besonders intensiv mit der Stabilität von Feuerschiffen. Bauassessor Dipl.-Ing. Geveke vom Wasserstraßenamt Cuxhaven kommt auf die geniale Idee, Stabilisierungstanks einzubauen, die zwei gegensätzliche Bedingungen erfüllen: Sie gestalten bei Bedarf die Bewegungen des vor Anker liegenden Schiffes im Seegang durch eine Verlagerung von Gewichten – in diesem Falle Wasser – von der Bilge in die Wasserlinie weicher, verbessern aber im Falle der Kentergefahr die Stabilität blitzschnell. Nach langwierigen Versuchen, die unter Mitarbeit des Ing. Leo Hoppe von der Cuxhavener Maschinenfabrik Hoppe & Kroß durchgeführt werden, kommt man zum Bau befriedigender und einwandfrei arbeitender Stabilisierungstanks, die beim Neubau *Bürgermeister O'swald* verwendet werden sollen. Das Besondere an der Konstruktion dieser Tanks liegt in der Einfachheit. Es gibt keine Ventile oder Klappen, die versagen können.

Etwa auf zwei Drittel der Schiffslänge verteilt, befinden sich im Schiffskörper in Wasserlinienhöhe mehrere Tanks, deren Größe sich jeweils nach der Schotteneinteilung richtet. Diese Tanks, die ständig mit Wasser gefüllt sind, stehen durch ein ausreichendes Rohrsystem mit leeren Tanks über dem Kiel in Verbindung.

Tritt bei schwerem Wetter die Gefahr des Kenterns ein, so kann entweder auf einen fixierten Pendelausschlag oder vom Wachhabenden auf der Kommandobrücke durch einfache Betätigung eines Druckknopfes Preßluft in die Stabilisierungstanks gejagt werden, die in wenigen Sekunden die in den Tanks gespeicherten 50 bis 60 t Wasser nach unten befördert und eine solche Gewichtsverlagerung verursacht, daß das Schiff sich wieder aufrichten muß.

Um einen Wassereinbruch über Oberlichte, Ventilatoren oder offene Außentüren zu verhindern, können diese elektrisch verblockt werden. Eine Freigabe ist nur von der Kommandobrücke aus möglich.

Schema der Stabilisierungstanks. Diese Konstruktion kam jedoch nicht zur Anwendung.

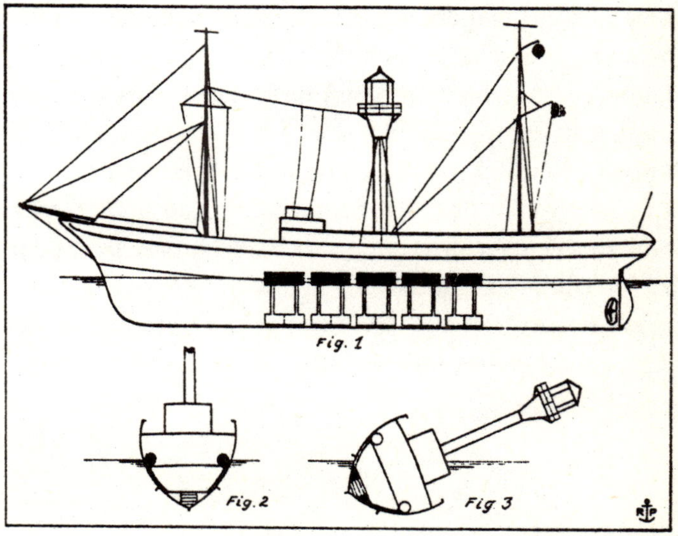

Der Unfall und seine Folgen

Der Untergang des Feuerschiffes *Bürgermeister O'swald* im Oktober 1936 bleibt nicht ohne Folgen für den Bau der nächsten Feuerschiffsgeneration. Im Verwaltungsbericht der See-Berufsgenossenschaft des 51. Geschäftsjahres heißt es u.a.: »Ihr besonderes Augenmerk widmete die SBG der Frage der Stabilitätsunfälle des Feuerschiffes *Elbe 1*, des Walfangdampfers *Rau 3* und des Motorseglers *Monica.* Die mit der Stabilität im Zusammenhang stehenden Fragen wurden von dem Ausschuß für Stabilität und Schwingungen der Schiffbautechnischen Gesellschaft, dem Nautischen und Technischen Beirat der Reichsverkehrsgruppe Seeschiffahrt, dem Ausschuß für Stabilitätsfragen des Hamburger Nautischen Vereins und der Schiffbauversuchsanstalt Hamburg sowie von dem Unfallverhütungs- und Schiffssicherheitsausschuß der SBG beraten. Es wurde beschlossen, eingehende Erhebungen über die Stabilitätsverhältnisse aller Schiffe durchzuführen. Für den Gebrauch auf kleinen Schiffen ist ein Beladungsblatt ausgearbeitet worden, das dem Schiffsführer Aufschluß über die Stabilitätsverhältnisse seines Schiffes gibt.«
In einer Studie über die Seefähigkeit und Standsicherheit von Feuerschiffen referiert Franz Judaschke in der Zeitschrift »Schiffbau«:
»Das Feuerschiff soll der Schiffahrt insbesondere bei schlechtem Wetter als Seezeichen dienen und außerdem das Ansteuern des Seehafens durch Funkpeilung und Unterwasser-Nebelsignale erleichtern. Ferner soll es Nachrichten übermitteln und Beobachtungen für wissenschaftliche Forschungsaufgaben der Wetter- und Meereskunde durchführen. Wesentlich ist, daß es bemannt sein muß und auf seinem Liegeplatz auszuharren hat, also nicht durch Leucht- und Heulbojen zu ersetzen ist. Es liegt kein Grund vor, Vorschlägen zu folgen, die bisherigen Schiffe durch Schwimmkörper nach Art von Bojen, Pontons oder Flugzeugstützpunkten zu ersetzen. Derartige Vorrichtungen entsprechen nicht den Anforderungen der Seeschiffahrt.

Die ersten Feuerschiffe waren durchweg kleiner als heute. Naturgemäß nahm mit der Vervollkommnung der technischen Einrichtung und mit dem Ausbau der Sicherheitsvorrichtungen die Größe der Fahrzeuge zu. Heute wird wie bei dem Neubau *Elbe 1* durch Zuladungs- und Schwimmreserven und für den Einbau von besonderen Sicherheitsvorrichtungen, Trimm- und Ballasttanks ein Höchstmaß stiller Reserven geschaffen. Es ist damit dem Schiffbauer Gelegenheit gegeben, auf Grund der Erfahrungen an den vorhandenen Feuerschiffen einen Typ zu schaffen, der auch hinsichtlich Form, Größe und Einrichtung einen Fortschritt bedeutet.«

Unsinkbar, unkenterbar: Das neue Feuerschiff

1939: Schon bald nach dem Untergang des Feuerschiffes *Elbe 1* in der Elbmündung beginnen die Entwurfsarbeiten für das Ersatzschiff. Es soll nach menschlichem Ermessen kentersicher und unsinkbar sein. Der Entwurf wird in zweijähriger Arbeit von der Reichswasserstraßenverwaltung nach Richtlinien des Reichsverkehrsministeriums unter weitgehender Beteiligung der Hamburgischen Schiffbau-Versuchsanstalt fertiggestellt.

Der Neubau wird ausgeschrieben und der im Feuer-

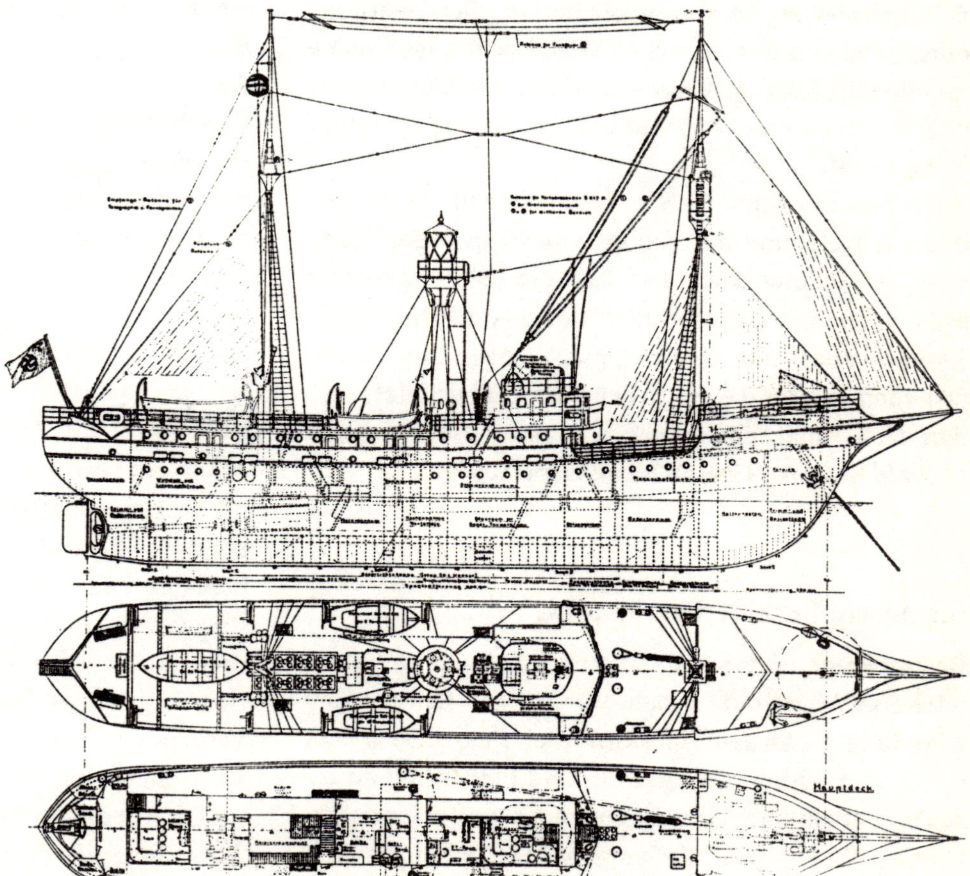

Entwurf des neuen Feuerschiffes, Ersatz für die 1936 untergegangene Bürgermeister O'swald.

schiffbau besonders erfahrenen Werft von Jos. L. Meyer in Papenburg im Februar 1939 übertragen.
Für eine schnelle Fertigstellung des Baues sind die Verhältnisse jedoch ungünstig. Der Zweite Weltkrieg und als dessen Folge der wirtschaftliche und politische Zusammenbruch behindern die Bauarbeiten. Immer wieder müssen sie wegen Bevorzugung von Marinebauten verzögert und schließlich ganz unterbrochen werden.
Gegen Kriegsende droht dem halb fertiggestellten Schiff, das bis dahin vor allen Beschädigungen durch Feindeinwirkung bewahrt geblieben ist, die Zerstörung durch eine von der deutschen Wehrmacht angeordnete Sprengung. Kurz entschlossen kommt die Werftleitung dem Plan zuvor und versenkt das fast fertige Feuerschiff im Werfthafen.
Nach dem Krieg sind die Schwierigkeiten für den Weiterbau nach Hebung des Rumpfes nicht geringer, wenn auch aus anderen Gründen. Erst die Währungsreform ermöglicht eine zügige Fertigstellung. Am 7. November 1948 kann nach einer ungewöhnlich langen Bauzeit von fast zehn Jahren das neue Feuerschiff abgeliefert werden. Es erhält den gleichen Namen *Bürgermeister O'swald* wie das 1936 untergegangene Schiff.

Stromschiff erhält den Zuschlag

Bei der Frage, ob das neue Feuerschiff als »Stromschiff« oder als »Windschiff« gebaut werden soll, fällt die Entscheidung zugunsten eines Stromschiffes. *Elbe 1* liegt auf einer Position, wo die Ebb- und Flutströme durchaus beachtlich sind. Dementsprechend muß es einen verhältnismäßig großen Tiefgang haben, durch den der Strom seine Richtkraft auf das Schiff ausüben kann.
Der Schiffskörper wird schlank ohne gerade Teile in der Linienführung gehalten. Das Vorschiff bekommt eine über der Wasserlinie schnell fülliger werdende, gut wasserabweisende Form, die in einen Segelschiffsteven ausläuft. Zur Vermeidung des stabilitätsvermindernden Einflusses des Kettenzuges bei seitlich hochgelegenen Ankerklüsen wird eine eben über der Wasserlinie liegende Mittelklüse angeordnet. Das Kreuzerheck soll auch von achtern aufkommende Seen gut aufnehmen. Es ist durch eine runde Kappe überdeckt, wodurch die wind- und wasserabweisende Wirkung des Hecks noch erhöht wird. Die Back dient zur Überdeckung der Ankereinrichtungen. Durch ihre Höhe und Form werden die Wellen gebrochen und abgewiesen. Über das Vorschiff stürzende Seen sollen durch die auf dem Hauptdeck angeordnete, von Bord zu Bord reichende, gebogene Frontwand gehemmt und gezwungen werden, nach beiden Seiten über die hier offen gehaltene Reling abzulaufen.

Das Leuchtfeuer des Schiffes

Als Träger besitzt das Feuerschiff *Bürgermeister O'swald* für die Feuerschiffslaterne einen runden, geschlossenen eisernen Turm, der auf einer in seinem Inneren angebrachten Leiter ein vor der Witterung geschütztes Aufsteigen in den Laternenraum ermöglicht. Die kreisrunde Laterne hat einen Durchmesser von 2,0 m und eine Verglasungshöhe von 1,75 m. Die Verglasung ist zur Vermeidung von Dunkelwinkeln in schräg gekreuzte Sprossen gefaßt.
Im Laternenraum ist in Feuerhöhe von 15,0 m über der Wasserlinie eine einen Winkel von 360° umfassende Gürtelleuchte mit Gegengewicht kardanisch in Kugellagern

mit kleinstmöglicher Reibung aufgehängt. Das Gegengewicht ist zur Dämpfung z. T. mit Quecksilber gefüllt. Durch die Dämpfungsvorrichtung am Gegengewicht wird erreicht, daß die Größe der Eigenschwingungen der Pendelleuchte tunlich verringert und die Schwingungsdauer gegenüber der des Schiffes verschieden und zwar größer wird, damit nachteilige, die Pendelausschläge vergrößernde Resonanzen der Schwingungen von Pendelleuchte und Schiff weitgehend vermieden werden.

Der Gürtel hat eine wirksame Glashöhe von 95,4 cm und besteht aus 7 dioptrischen, 6 oberen und 4 unteren katasioptischen Ringen.

Das Leuchtfeuer wird elektrisch betrieben. Als Lichtquelle dient eine Osram-Scheinwerferglühlampe mit 2000 Watt Stromverbrauch. Bei einer Leuchtdichte von 520 sb im Mittel beträgt die Betriebslichtstärke 55000 NK gegenüber einer Lichtstärke von 40000 HK des früheren *Elbe 1*-Feuerschiffes. Mit dieser Lichtstärke hat das Feuer bei sichtigem Wetter eine optische Tragweite von 23 sm. Die geographische Sichtweite beträgt 13 sm. Die Kennung des Feuers ist eine Gleichtaktkennung, und zwar Schein 5 sek, Pause 5 sek, Wiederkehr 10 sek. Diese Kennung hat gegenüber der des früheren Feuerschiffes den Vorzug, daß sie wegen ihrer nur halb so langen Wiederkehr peilfähiger ist. Die Kennung wird durch einen im Funkraum aufgestellten Motorkennungsgeber mit Schaltschütz erzeugt. Zur Überwachung des Leuchtfeuers dient eine Alarmeinrichtung auf der Brücke sowie eine Kontrollampe im Funkraum. Die Feuerschiffslaterne und Leuchte wurden von der Firma Pinsch, Berlin, die Glasteile des Gürtels von der Firma W. Weule, Goslar, geliefert.

Stabilität hat Vorrang

Zur Sicherung der Stabilität ist der Entwurf des Feuerschiffes durch Maßnahmen, die letzten Endes einander widersprachen, erheblich beeinflußt worden. Einmal soll die Stabilität des Schiffes möglichst groß sein, damit bei Querlagen in schwerer See das Aufrichtvermögen möglichst kräftig ist, zum anderen ist mit Rücksicht auf die Besatzung zum Erzielen angenehmer Bewegungen eine möglichst kleine metazentrische Höhe wünschenswert. Einen Kompromiß fand man in der Anwendung von Stabilitätstanks mit beweglichem, im Hub jedoch eng begrenztem Wasserspiegel. Diese Tanks, deren Form in langen Versuchsreihen in der Hamburgischen Schiffbauversuchsanstalt entwickelt wurde, bestehen, im Querschnitt gesehen, aus 2 Seitentanks und einem Mitteltank, die miteinander in Verbindung stehen und so weit mit Wasser gefüllt werden, daß in den Seitentanks eine Bewegungshöhe von etwa 300 mm besteht. An den Übergängen befinden sich verengte Durchflußöffnungen, die das Überschießen des Wassers bei Schlagseite verzögern. Eine Steuerung des Tankwassers ist nicht vorhanden, so daß die Anlage selbständig arbeitet. Im Längsschnitt gesehen sind 3 solcher in sich über je 4 Spantenentfernungen erstreckende Tanksysteme vorhanden.

Die Wirkung der Tanks besteht darin, daß sich bei kleinen bis mittleren Neigungen der bekannte stabilitätsmindernde Einfluß der freien Oberflächen bemerkbar macht, daß bei größeren Neigungen aber durch Anlegen des Wassers an die Decke des jeweils tiefer liegenden Seitentanks das Tankwasser als fester Ballast wirkt. Zum Erreichen der gewünschten Stabilitätsverhältnisse war notwendig, an verschiedenen tiefliegenden Stellen feste Ballastmengen von 108 t Gewicht einzubauen.

Um die Belastungsverhältnisse konstant zu halten, sind im Doppelboden 8 Ausgleichtanks für insgesamt 65 t Wasser vorhanden.

Unterkünfte

Bei der Geräumigkeit des Schiffes können alle 18 Besatzungsmitglieder in großen, neuzeitlichen Anforderungen entsprechenden Kammern untergebracht werden. Insgesamt sind so viele Spinde und Kojen vorhanden, daß die Besatzungsmitglieder sie bei Schichtwechsel nicht zu wechseln brauchen. Die Möbel sind in den Offizierskammern in Eiche und in den Mannschaftskammern in Kiefer ausgeführt. Die beiden Messen befinden sich im Mitteldeckshaus.

Maschinenanlage

Als Antriebsmaschine ist ein indirekt umsteuerbarer Achtzylinder-Viertakt-Dieselmotor der Maschinenfabrik Augsburg-Nürnberg mit einer Leistung von 500 PS bei 375 Upm eingebaut. Als Hilfsmaschinen sind vorhanden: 1 Vierzylinder-Viertakt-Bub-Dieselmotor von 50 PS Leistung bei 750 Upm, gekuppelt mit einem Gleichstrom-Dynamo von 30 PS-Leistung und einem Hilfskompressor mit einer Leistung von 15 cbm/h bei einem Enddruck von 30 atü.
Zur Lieferung des elektrischen Stromes für den Betrieb des Luftschall- und Wasserschallsenders und zum Laden der Batterien: 2 Zweizylinder-Viertakt-Bub-Dieselmotoren von je 25 PS Leistung bei 750 Upm.
Zur Lieferung des elektrischen Stromes für den Betrieb des Leuchtfeuers, für Raumbeleuchtung, Funkfeuer und Kühlanlage: 2 Zweizylinder-Viertakt-MWM-Dieselmotoren von je 9,5 PS Leistung bei 750 Upm, je gekuppelt mit einem Dynamo von 5 kW Leistung.

Funkverkehrseinrichtungen

Für den Funkverkehr ist das Feuerschiff mit einer Sendeanlage nach Baumuster Telefunken S 317 H, bestehend aus einem fremdgesteuerten Röhrensender für drahtlose Telegraphie sowie Telefonie bei einem stetig veränderbaren Wellenbereich von 100 bis 800 m ausgerüstet. Als Empfänger dient ein Allwellen-Empfänger, Baumuster Telefunken E 381 H mit einem veränderbaren Wellenbereich von 15 bis 20000 m. Außerdem hat das Schiff einen vom Verkehrssender unabhängigen, auf die Welle 600 m abgestimmten Tonfunksender von 1,15 kW als Notsender. Sämtliche Sende- und Empfangsanlagen wurden von der DEBEG, Berlin, geliefert und eingebaut.
Für den Dienst bei Nebel bekam das Feuerschiff einen neuzeitlichen quarzgesteuerten Funkfeuersender mit unterdrücktem Träger, ferner elektrisch betriebene Luftschall- und Wasserschallsender neuester Bauart. Die zeit- und kennungsgenaue Zusammenarbeit nach einem festgelegten Sendeplan wird durch eine Schaltuhr und einen Kennungsgeber gesteuert.

Anker und Ankerketten

Das Feuerschiff liegt auf Station an einer 250 m langen Kette vor einem 3 t schweren Pilzanker. Die 52 mm starke Kette ist steglos und aus vergütetem Manganketttenstahl. Von der früher angewendeten Verankerungsart, der Vermoorung, will keiner mehr etwas wissen. Der auf einem Schlitten bewegliche Sliphaken besitzt eine doppelte Übersetzung und wird durch Drehung eines teilweise abgeflachten Bolzens betätigt, der einen Hebel freigibt, wodurch dieser wieder durch Drehen eines gleich gearbeiteten Bolzens die rückseitige Verlängerung des Hakens auslöst.

Das Slippen der Kette wird in etwa 5 sek von der Brücke aus über eine dort befindliche Handkurbel bewerkstelligt, die über eine Axiometerleitung auf den unter der Back befindlichen Haken wirkt. Mit dieser Methode müssen im Ernstfall nicht erst Matrosen unter die Back geschickt werden, um die Kette zu slippen.

Aufgaben der Besatzung

Zu den Aufgaben der Besatzung auf dem Feuerschiff *Elbe 1* gehört neben der Wartung des Schiffes und seiner leuchtfeuertechnischen Einrichtung folgendes: Messen hydrologischer und meteorologischer Werte, im Winter Durchgabe von Eismeldungen, Einleiten von Ordnungswidrigkeitsverfahren bei Nichteinhaltung von Fahrregeln nach Seestraßenordnung und Seeschiffahrtsstraßenordnung, Betreiben eines Funkbeschickungssenders, Abwickeln von Funkverkehr auf Mittelwelle, Grenzwelle und Ultrakurzwelle, Wahrnehmen der Meldungen für den Seemeldedienst, Kontrolle der Schiffsposition, auf der der aus Hamburg stammende Klärschlamm eingebracht wird.

Chronik (1948 bis 1988)

1948: 9. November: *Bürgermeister O'swald* geht auf Station *Elbe 1.* Position 54° 00′ Nord, 10° 10′ 40″ Ost. Kennzeichen geändert: weißes, unterbrochenes Feuer. Einzelunterbrechung. 5 sek Licht, 5 sek Pause. Nebelsignal. Neue Tonhöhe 300.

1949: 1. September: Feuerschiff *Norderney* nimmt die Station ein.

14. Oktober: Überholung beendet. Stammfeuerschiff wieder ausgelegt.

1950: 14. September: *Bürgermeister O'swald* wird auf der Werft überholt. Als Ersatzschiff nimmt die *Norderney* den Platz ein.

30. Oktober: Position wieder mit dem Stammfeuerschiff besetzt.

Bauschild der Bürgermeister O'swald. *Besatzungsmitglieder haben versucht, aus der Zahl 1943, dem ursprünglich vorgesehenen Ablieferungstermin, 1948 zu machen. In diesem Jahr erfolgte endlich die Ablieferung des Feuerschiffes.*

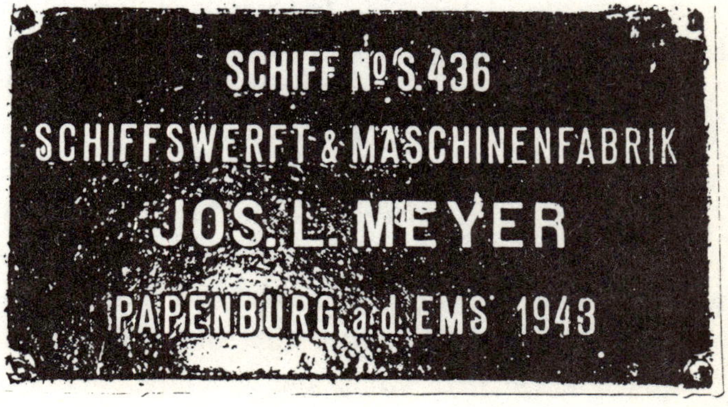

Dokumentarfilm »Feuerschiff Elbe 1«

1951: Die »Neue Deutsche Wochenschau Hamburg« dreht auf Anraten von Kapitän Fritz Brustat-Naval einen Dokumentarfilm über Feuerschiff *Elbe 1.* Aus etwa 2000 Meter Aufnahmematerial entsteht ein Film mit einer Laufzeit von 12 Minuten. Die Herstellung erfolgt, wie im Vorspann zum Audruck kommt, mit sachlicher Unterstützung des Bundesverkehrsministeriums, Abteilung Seeverkehr. Eine finanzielle Unterstützung durch den Bund erfolgt jedoch nicht. Nach dem Drehbuch von Brustat-Naval führt der Kameramann Rudolf Kipp Regie. Das Drehteam verbringt 14 Aufnahmetage auf dem Feuerschiff. Brustat-Naval sagt über diese Zeit: »Besonderes Lob verdient die Besatzung des Feuerschiffes und Kapitän Clausen, die alles taten und selbst bei den endlosen Einstellungen nicht ermüdeten.« Für die stimmungsmäßig sehr wichtige musikalische Untermalung hatte Brustat-Naval Mendelssohn-Bartholdys symphonische »Meeresstille« und »Glückliche Fahrt« ausgewählt.

Doch daraus wird nichts, weil kein Orchester gefunden wird, das beide ins Auge gefaßten Stücke im Repertoire hat. So fällt die Entscheidung zugunsten von Schuberts »Symphonie Nr. 7 in C-Dur«, untermengt mit »Sindbad der Seefahrer« von Rimsky-Korsakoff.

Mit der ersten Kopie im Gepäck reist der Produzent nach Salzburg zu der internationalen Dokumentarfilmschau. Der Film »Feuerschiff *Elbe 1*« erhält ein Diplom, und die Filmbewertungsstelle der Bundesrepublik erteilt ihm das Prädikat »wertvoll«. Im Beisein von Besatzungsmitgliedern erfolgt die deutsche Uraufführung im Hamburger Shell-Haus. Die Kritik der Medien richtet sich gegen die Kürze des Films.

1951: 22. September: Feuerschiff von Station

6. November: Feuerschiff wieder ausgelegt

1952: 21. Mai: *Bürgermeister O'swald* zwecks Überholung von Station

12. September: Feuerschiff wieder ausgelegt

1953: Neue Position: 53° 59′ 57″ N / 08° 10′ 40″E.

1954: 8. Juli: Kennung geändert von unterbrochenem Feuer auf Gleitfeuer.

10. August: Feuerschiff *Amrum* löst *Bürgermeister O'swald* ab. Statt Gleitfeuer weißes Blitzfeuer.

6. September: *Bürgermeister O'swald* wieder auf Station. Es werden langandauernde Versuche zur Stabilisierung des Leuchtfeuers bei stark arbeitendem Schiff gemacht. Mit Hilfe eines schnell rotierenden Kreisels sollen die starken Bewegungen des Leuchtfeuers verringert werden.

5. September: Von Bord wird ein Teil des Hafenkonzertes des NWDR unter Leitung von Kurt Esmarch gesendet.

1956: 3. Juli: Feuerschiff von Station

4. August: Zurück auf Position

1957: 9. Mai: Feuerschiff zwecks Überholungsarbeiten von Station

1. Juli: Zurück auf Position

1958: 16. Juni: Feuerschiff von Position

12. August: Zurück auf Position

1959: 24. Februar: Belgischer Dampfer *Capitaine Limbor* (7176 BRT) kollidiert mit dem Feuerschiff.

Schaden gering.
3. Juli: Feuerschiff von Station
31. Juli: Zurück auf Position
1960: 27. Februar: Vom Feuerschiff werden rote Sternsignale ausgemacht. *Elbe 1* alarmiert Seenotwache. *Ruhr-Stahl* schleppt das im Westertill auf Grund sitzende Kümo *Joan* aus Brake frei.
Juni: Ein Decca-Navigator wird an Bord eingebaut. Hiermit ist auch bei schlechten meteorologischen Bedingungen jederzeit eine genaue Positionskontrolle möglich.

29. Januar: Bei Indienststellung des Feuerschiffes ist es mit einem Wasserschallsender ausgerüstet worden, der bei Bedarf mit einer Handwinde durch einen im Schiffsrumpf befindlichen Schacht etwa 4 m unter den Kiel abgesenkt wird. In Verbindung mit dem Funkfeuer kann durch die Laufzeitdifferenz der beiden Signale die Entfernung eines Empfängers zum Feuerschiff gemessen werden. Das Unterwasserschallsignal soll auf Anforderung durch ein Schiff angestellt werden. Kurioserweise wird es bis zur Aufgabe im Januar 1960 nicht ein einziges Mal von einem Schiff angefordert.

Feuerschiff Elbe 1 *auf Station in der Elbmündung. Zeichnung Richard Peters (1938).*

Das Hauptfeuer wird aus der Verankerung gerissen

1960: 29. Dezember: Der seit 1956 in Kopenhagen beheimatete Frachter *Sargodha* (8585 BRT) nähert sich der Elbmündung, er befindet sich auf der Reise von Rotterdam nach Hamburg. Die Elbmündung liegt unter einer festen, dichten Nebeldecke begraben. Draußen an Deck ist es unangenehm naßkalt. Der Matrose auf der Back, der nach dem Lotsendampfer und dem Feuerschiff Ausschau halten soll, schlägt mit den Armen um sich. Auf der Brücke steht Kapitän Emanuel Danstrup. Er hofft, Neujahr bei seiner Familie verbringen zu können, wenn alles gut geht und die Hamburger Schauerleute nicht zu schnell arbeiten.
Noch vor dem äußeren Feuerschiff kommt der Lotsendampfer *Simon von Utrecht* in Sicht und fordert den Frachter auf, die Maschine zu stoppen. Sieben Minuten lang treibt das Schiff, dann kann der Kapitän den Seelotsen Andreas Deepen auf der Brücke begrüßen.
Am Kompaß liegt 230° an. Das ist in Ordnung. Deepen überzeugt sich auf dem Bildschirm des Radargerätes, ob das Schiff auf der richtigen Seite des Fahrwassers steht und wie es daußen, besonders vor ihnen, aussieht. Er kann auf dem Schirm nur ein Objekt ausmachen. Das kann, das muß das Feuerschiff sein, denkt er, läßt das Ruder hart Backbord legen und die Maschine voll voraus laufen.
Nach dem Radargerät zu urteilen, liegt das Feuerschiff in einer Entfernung von einer halben Seemeile. Merkwürdig ist, daß es keine Nebelsignale gibt, vielleicht ist die Anlage ausgefallen, oder man hat drüben noch gar nicht bemerkt, daß Nebel ist.
Zwei Minuten später, der Frachter dreht noch, kommt an Backbord ein Feuer in Sicht, das Leuchtfeuer von *Elbe 1*, zum Greifen nahe, und die *Sargodha* dreht weiter auf das vor Anker liegende Schiff zu. Deepen erkennt die Gefahr sofort und handelt, doch das Legen des Ruders kommt zu spät und auch die Ausführung des Kommandos »Maschine voll zurück«. Das im letzten Augenblick eingeleitete Manöver ist nicht mehr als eine hilflose Geste.

Das Feuerschiff wird an Steuerbord getroffen. Es krängt stark nach der anderen Seite über. Bis zur Wasserlinie wird das Vorschiff in einer Länge von 3 Metern aufgeschlitzt. Der vordere Mast knickt ein, bleibt aber stehen, das Hauptfeuer wird aus der Verankerung gerissen, FT und Funkfeuer fallen aus. *Elbe 1* verstummt, ist in Gefahr. Die beiden Schiffe klappen zusammen, lösen sich und verlieren sich aus den Augen. Alles geht sehr schnell. Dann herrscht wieder Ruhe.

Auf dem Feuerschiff läßt der 1912 in Nürnberg geborene Kapitän Karl Moos die Rettungsboote klarmachen, für alle Fälle. Doch zum Glück hält das Kollisionsschott. Beim Peilen der Tanks wird nur ein geringer Wasserstand angezeigt, demnach ist das Schiff dicht und nicht in ernsthafter Gefahr. Ein paar Leute haben sich verletzt, aber nicht gefährlich, sie werden sofort betreut. Das Feuerschiff muß die Station verlassen und eine Werft aufsuchen, um die Schäden beheben zu lassen. Die Reparaturkosten belaufen sich auf rund 300000 DM.

Beim Kentern des Lotsenbootes ertrinken drei Seeleute

Als das Seeamt in Hamburg versucht, den Zusammenstoß zu rekonstruieren, stoßen die Mitglieder auf die unterschiedlichen Aussagen der Beteiligten und der Zeugen in der Frage, ob das Feuerschiff Nebelsignale gegeben hat oder nicht. Laut Aussage des Matrosen Heinrich Mieves hat die Nebelsignalanlage einwandfrei gearbeitet. Der Lotse bleibt bei seiner Version, kein Signal gehört zu haben. Das Elbphänomen hat sich wieder einmal bemerkbar gemacht.

1961: 1. Januar: Feuerschiff von Station. Es wird durch *Reserve Elbe 1* ersetzt.

21. Januar: *Reserve Elbe 1* von Station. Eine Tonne wird ausgelegt.

4. Februar: *Reserve Elbe 1* wieder auf Station.

8. März: Das Stammfeuerschiff *Bürgermeister O'swald* kehrt auf die Station zurück.

Bordstempel des Feuerschiffes Bürgermeister O'swald.

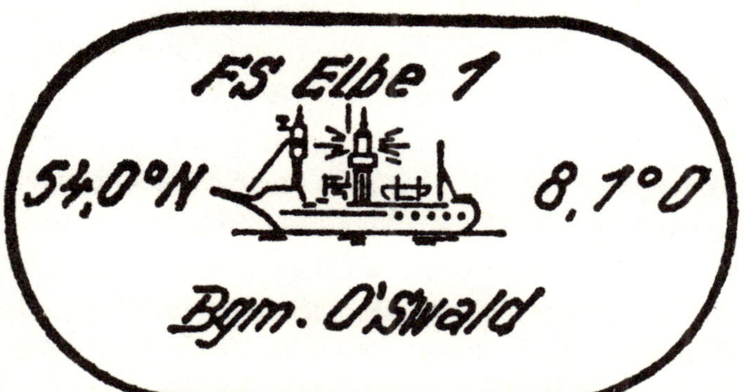

1961: 20. Dezember: Drei Tote hat am 6. Dezember ein Übersetzmanöver auf dem Großen Vogelsand gekostet, als ein Boot des Lotsendampfers *Kapitän Hilgendorf* die Männer auf die gestrandete *Ondo* übersetzen will. Das Unglück ist noch nicht vergessen, als 14 Tage später ein Lotsenversetzboot des Dampfers *Ditmar Koel* nicht weit vom Feuerschiff entfernt kentert, als es unter die Walschiene gerät. Die drei Insassen werden aus dem Boot geschleudert. Der Wachgänger auf dem Feuerschiff hat das Unglück beobachtet. Die Männer der Freiwache sitzen gemütlich beim Abendessen, als er aufgeregt in die Messe stürzt und schreit: »Mensch, dat Boot is gekentert!«

Die Seeleute lassen Teller und Tassen stehen, springen auf, rennen an Deck und bringen eines der beiden großen Rettungsboote zu Wasser. Der Bootsmann sucht sich ein paar kräftige Leute aus, und los geht es.

Grob ist die See. Die Männer haben alle Hände voll zu tun, um das schwere Boot vorwärts zu bewegen. Bis spät in die Nacht hinein suchen sie die See zwischen den beiden Feuerschiffen ab, doch vergeblich.

Es ist Mitternacht, als sie wieder an Deck der *Bürgermeister O'swald* stehen. Die anderen fragen nicht, das müssen sie auch nicht, die niedergeschlagenen Gesichter drücken mehr aus als tausend Worte.

Fischdampfer kontra Feuerschiff

1962: 25. Januar: »Pottendick« sagen die Elblotsen, wenn sie auf die Sicht angesprochen werden, draußen in der Elbmündung. Beim Feuerschiff *Elbe 1* beträgt sie bestenfalls 100 Meter. Im Takt der Quarzschaltuhren wirft der Feuerturm sein optisches Erkennungszeichen in die dicke Brühe, während auf der Frequenz 321,5 kHz der 50-Watt-Sender seine markante Kennung E-L ausstrahlt. Dieses Funkfeuer ist der Mittelpunkt einer ganzen Reihe von deutschen Feuerschiffssendern, die auf den Fahrzeugen *Borkumriff, Deutsche Bucht, Weser* und *Elbe 1* installiert sind.

Schiffe ohne Radar sind auf diese Navigationshilfen angewiesen beim Einsteuern in die Deutsche Bucht, wenn Nebelhörner über die See bölken.

Auf *Bürgermeister O'swald* röhrt der mächtige Luftschallsender. Die Höhe des Super-Nebelhorns dringt den Männern an Bord durch Mark und Bein. Seit Stunden brüllt die Anlage ihr Erkennungszeichen E-L über das Wasser.

Auf der Kommandobrücke des Feuerschiffes herrscht nervöse Spannung, wie immer, wenn es so dick ist, daß keiner die Hand vor Augen sehen kann. Immer wieder pirschen sich einlaufende Dampfer an das vor Anker schwojende Schiff heran, um einen rechten Anhaltspunkt für die Weiterfahrt elbaufwärts zu haben, und drehen erst ab, erschrocken, aber erleichtert zugleich, wenn sie das Feuerschiff aus dem Nebel auftauchen sehen.

Mit dem satten Flutstrom nähert sich, auf dem Radarschirm deutlich auszumachen, ein kleines Fahrzeug der Elbmündung. Es ist der von Fangreise heimkehrende Fischdampfer *Karlsruhe* aus Cuxhaven. Für den Kapitän und seine Männer hat sich die Jagd auf Rotbarsch und Kabeljau gelohnt. Das ist wichtig, denn jeder von ihnen ist, wenn auch unterschiedlich hoch, am Fang beteiligt. Was der Alte auf der Brücke nicht hat, ist Zeit, denn die silberglänzende Ware muß angelandet sein, bevor die Auktion beginnt.

Den Weg elbaufwärts kennt, so muß man annehmen, der 1950 bei Seebeck gebaute Fischdampfer allein. Das ist jedenfalls die felsenfeste Überzeugung des Kapitäns, der unausgeschlafen auf der Brücke herumlungert und Unmengen von starkem Kaffee in sich hineinschüttet. Wer von der Crew nicht unbedingt auf den Beinen sein muß, pennt und läßt sich durch nichts stören. Den Funkpeiler braucht der Kapitän nicht mehr. Er kann das Brüllen des Feuerschiffes hören, irgendwo voraus. So genau ist das im Nebel nicht auszumachen.

So streckt von Zeit zu Zeit der Alte seinen Kopf durch das offenstehende Fenster, um nach »Gefühl« die Lage zu peilen. Nichts kann das Gefühl eines guten Fischdampferkapitäns ersetzen, nichts auf der Welt, auch die beste Technik nicht.

Um nicht auf den Mahlsänden der Unterelbe zu landen, womöglich noch auf Scharhörn, braucht der Alte einen festen Abgangsort, einen Standort, um Kurs zum nächsten Feuerschiff absetzen zu können, rein nach Gefühl. Das hat er bisher immer so gemacht, und mit Erfolg. Als schließlich das gelbliche Feuer von *Elbe 1* aus dem Nebel auftaucht, muß der Alte den Kopf leicht anheben.

Sein Kommando »Hart Steuerbord« kommt zu spät, um die Kollision zu verhindern. Die Strömung drückt das Achterschiff des Fischdampfers auf die im Wege liegende *Bürgermeister O'swald* zu. Holz splittert. Das ist das Backbordrettungsboot der *Karlsruhe*, das zu Bruch geht. Die Reling knickt um, und beim Aufprall wird auch die Brückennock zerbeult.

Als die Männer, durch die Kollision erschreckt, spärlich bekleidet an Deck erscheinen, ist das Feuerschiff schon wieder im Nebel versunken, als wäre nichts geschehen. Verletzt worden ist niemand. Außer dem angeknickten Klüverbaum hat *Elbe 1* keine Schäden davongetragen. Die WSD Hamburg verfügt, daß der Bugspriet – scherzhaft Havariespargel – nicht ersetzt werden soll.

1962: 8. Mai: Das »Hamburger Echo« meldet, daß Feuerschiff *Elbe 1* ab 22. Mai für sechs bis acht Wochen seine Position verlassen wird. Während das Schiff überholt wird, nimmt die *Amrum-Bank*, die gegenwärtig auf Position P 8 liegt, die äußerste Elbmündungsposition ein.

16. Mai: Der französische 21000-Tonnen-Tanker *Isanda* rammt *Bürgermeister O'swald.* Der Flutstrom drückt den Tanker auf das Feuerschiff, als der Seelotse an Bord genommen wird. *Elbe 1* wird am Steven und an der Back beschädigt. Der Tanker kann seine Fahrt mit einer Beule am Rumpf fortsetzen.

22. Mai: Wie vorgesehen verläßt *Elbe 1* die Station.
9. Juli: Zurück auf Station

1963: 21. Mai: Feuerschiff von Station. Das erste Radargerät wird eingebaut. Nun ist es möglich, im Nebel gefährliche Annäherungen fremder Schiffe frühzeitig zu erkennen. Ausweichmanöver oder Slippen der Ankerkette bleiben ausgeschlossen. Die Besatzung erhält jetzt aber einen rechtzeitigen Voralarm.
11. Juli: Feuerschiff zurück auf Station
1964: 2. September: Feuerschiff von Station. *Elbe 1* erhält ein zweites Motorboot. Jetzt kann bei schlechtem Wetter immer auf der günstigen Leeseite des Schiffes ein Motorboot ausgesetzt werden. Das Ruderboot wurde bei starkem Seegang nie benutzt. Bei schlechtem Wetter wird das Ablösen der Besatzung mit einem Boot des Feuerschiffes durchgeführt. Der Tonnenleger kann bei solchen Witterungsverhältnissen nicht längsseits des Feuerschiffes liegen.
2. November: Zurück auf Station
1965: 20. August: Feuerschiff von Station
1. Oktober: Zurück auf Station
1966: 19. September: Feuerschiff von Station. Der bisherige Magnetkompaß wird durch einen Kreiselkompaß ersetzt.
2. November: Zurück auf Station
1969: 1. Juli: Feuerschiff von Station. Radarantwortbake montiert. Damit können andere Schiffe auf ihren Radarbildschirmen das Echo des Feuerschiffes einwandfrei unter einer Vielzahl anderer Echos herausfinden.
19. Juni: Radarbake in Betrieb. Kennung Mo (o) mit einem langen Strich.

Kollision bei Sturmflut

1969: 29. Oktober: Seit Tagen tobt ein schwerer Sturm nach dem anderen über der Deutschen Bucht. Sie sind die Folge eines ausgeprägten Tiefs, das von Island nach Skandinavien zieht und auf der Rückseite starke Nordwestwinde bringt. Auf Grund des anhaltenden Sturmes mit Windstärken 9 bis 12 müssen für Hamburg und die Oberelberegion Sturmflutwarnungen gegeben werden. In Cuxhaven steigt das Wasser 149 Zentimeter über das mittlere Hochwasser. Der Fährverkehr über den Köhlbrand ist beeinträchtigt, der über die Stör muß zeitweilig eingestellt werden. Bäume stürzen um, Dächer werden abgedeckt. Auf der Elbinsel Krautsand ertrinkt ein Siebenjähriger in einem Straßengraben.

Angst kommt in Hamburg auf, denn nur zu gut können sich die Menschen an die schwere Sturmflut von 1962 erinnern. Es sind schließlich erst sieben Jahre vergangen.

Die *Cap Delgado* der Hamburg-Süd hat unter Führung von Kapitän Fritz Schmidt am Abend Hamburg verlassen. Obwohl das Wetter nicht gerade zur Fahrt über See einlädt, machte sich das 4126 BRT große Motorschiff auf den langen Weg nach Montreal.

Über der Elbmündung tobt einer der gefürchteten Herbststürme. Der Lotsendampfer hat sich von der äußeren Position zurückgezogen und kreuzt zwischen den Feuerschiffen *Elbe 2* und *Elbe 3*. Draußen könnte er bei diesem Seegang keinen Lotsen absetzen. Als der Frachter der Hamburg-Süd auftaucht, begleitet er den eilig nach See zustrebenden Dampfer ein Stück des holprigen Weges. Tief neigt sich der Steven der *Cap Delgado,* eines aus Dänemark angekauften Schiffes, bei jeder entgegenkommenden See, und die kurzen, steilen Grundseen in der Elbmündung haben es in sich. Gischt fliegt über das tiefabgeladene Schiff bis hinauf zu den Mastspitzen. Bei Tonne 5 geht der Lotse von Bord, und eine Stunde später, um 22.43 Uhr wird das Feuerschiff *Elbe 1* passiert. Im Schiffstagebuch notiert der Wachhabende: »Beginn der Seereise, an Deck ist alles seeklar.« Aber wie sieht es unten im Maschinenraum aus?

Voraus an Backbord liegt das äußerste Elbefeuerschiff. Sein über das kochende Wasser huschender Schein führt den Frachter an allen Untiefen vorbei aus dem engen Mündungsarm in die freie See. Es ist, als ob die Feuerschiffsmatrosen die *Cap Delgado* an einem Lichtseil hinausziehen. Bei auflaufendem Wasser, See und Wind von vorne, kommt der Frachter nur langsam voran, keine 5 Knoten macht er.

Auf dem Feuerschiff hat die Brückenwache den auslaufenden Frachter, der nur zögernd vorwärts kommt, längst ausgemacht. Gefahr besteht nicht. So richtet sich die Aufmerksamkeit der Wache mehr auf einlaufende Fahrzeuge. Auf der *Cap Delgado* flackert die Morselampe auf, ein letzter Gruß von Bord zu Bord.

Schon ist der Frachter vorbei. Er hat den Kurs ein paar Grad nach Backbord geändert. Merkwürdig ist, daß seine Hecklaterne nicht fahler wird. Die Brückenwache auf dem Feuerschiff hat keine Ahnung, welche Probleme drüben die Ingenieure haben. Selbst der Kapitän, der noch oben auf der Brücke ist, merkt erst spät, daß der Frachter kaum noch Fahrt macht. Er stürzt zum Telefon und erkundigt sich beim Leitenden Ingenieur, was eigentlich da unten los ist. Beim Umstellen des Treibstoffes für den Dieselmotor von Dieselöl auf Schweröl ist kurz danach der Motor stehengeblieben, weil vergessen worden ist, Setzwasser aus dem Vorratstank zu entfernen.

Nun treibt der Frachter, von Strom, Wind und Wellen getrieben, unaufhaltsam auf das am Grund gefesselte Feuerschiff zu.

Auf *Elbe 1* ist die Gefahr erkannt worden. Es werden Warnsignale gegeben, und die Hauptmaschine wird klargemacht. Drei Minuten vor Mitternacht wird die Crew an Deck geholt. Auf dem Hamburg-Süd-Frachter arbeiten die Ingenieure und Hilfskräfte fieberhaft, um den Schaden zu beheben, aber so leicht geht das nicht. Und das feuerrote, in aufgewühlter See tanzende Leuchtschiff kommt immer näher. Unwahrscheinlich grell leuchtet das Feuer, es blendet die Männer auf der *Cap Delgado,* die alarmiert ebenfalls an Deck stehen und mit aufgerissenen Augen auf das Feuerschiff schauen. Vielleicht treibt der Wind das Schiff vorbei, vielleicht geschieht noch ein Wunder. Aber auch das bleibt aus.

Für einen Augenblick hat Kapitän Schmidt überlegt, ob er nicht versuchen solle, mit Ankerwerfen die Kollision zu verhindern oder zu mildern, aber dafür ist es auch zu spät, die Gefahr zu groß, daß die Anker der beiden Schiffe durcheinander kommen.

Anders sieht es auf dem Feuerschiff aus. Dort will der Kapitän den Anker slippen, doch es gelingt nicht, der Druck auf die Ankerkette ist zu stark.

Mit dem Achterschiff rammt der Frachter das Feuerschiff. Der Lärm übertönt für einen Moment den heulenden Sturm. Der Stoß reicht aus, um das Feuerschiff beiseite zu drücken. Zum Glück wird keiner verletzt, weder auf *Elbe 1* noch auf dem Frachter. Die *Cap Delgado* muß die Reise abbrechen und zurück nach Hamburg laufen. In der Bordwand klaffen im Bereich der Luken 1 und 2 acht Meter lange Risse und mehrere Löcher, zum Glück über der Wasserlinie. Das Feuerschiff hat Schäden am Vorschiff davongetragen, kann aber auf Position bleiben. Die Männer auf *Elbe 1* atmen erleichtert auf. Die Kollision hätte schlimmer ausgehen können, sie haben noch einmal Schwein gehabt.

1970: 3. Januar: Bei schwerem Sturm wird eine Rettungsinsel außenbords gewaschen.

Muß das Feuerschiff verschrottet werden?

1970: 11. März: Auf *Elbe 1,* auf dem der 1936 in Hamburg geborene Peter Krüger als Kapitän Dienst hat, ist es pottendick. Weiter als 40 Meter kann keiner sehen. Nicht anders sieht es auf dem Frachter *Rio Caracarana* aus, der sich der Elbmündung nähert. Weil sich der argentinische Kapitän in der kleinen Nordsee nicht auskennt, hat er einen Überseelotsen an Bord, Kapitän Ahlrich. Als sie um 09.20 Uhr die Schlüsseltonne passieren, meldet Ahlrich dem Lotsendampfer *Kommodore Rollin* ihr Kommen an. In 40 Minuten hofft er, den Seelotsen übernehmen zu können, der das Schiff weiterbringt, denn die 1962 gebaute und mit 8482 BRT vermessene *Rio Caracarana* hat 2900 t Stückgüter für Hamburg an Bord.

Wie geplant kann um 10.00 Uhr der Seelotse die Funktion des Kapitänberaters auf dem einlaufenden Frachter übernehmen. Auf der Brücke befinden sich außer dem Kapitän der Wachoffizier, der Rudergänger und ein Ausguckmann. Vom Feuerschiff, das unmittelbar in ihrer Nähe liegt, hören sie keinen Ton. Das ist mehr als merkwürdig, aber auch der Seelotse Karl Billig vermißt beim Übersetzen mit dem Boot das mächtige Nebelhorn des Feuerschiffes.

Obwohl die Hand nicht vor Augen zu sehen ist, ist das nicht weiter tragisch, denn der Frachter besitzt ein Radargerät. Auf der Brücke des Schiffes angekommen, wirft Billig einen längeren Blick auf den Bildschirm, um sich zu informieren. Schließlich will er genau wissen, was sich vor dem Steven der *Rio Caracarana* herumtreibt. Deutlich zeigt das Radargerät an Backbord voraus drei Objekte an. Der Lotse ist überzeugt, daß es sich bei dem nächstliegenden um das Feuerschiff handelt. Nach seinen Informationen, die durch das Radarbild bestätigt werden, kann es nicht anders sein.

Und doch ist es nicht das Feuerschiff. Es ist überhaupt keines der drei Objekte, denn keine fünf Minuten später rammt die *Rio Caracarana* das Feuerschiff *Elbe 1* an Steuerbord etwas achterlicher als mittschiffs in Höhe des Maschinenraumes mit voller Wucht. Die Bordwand wird aufgerissen, als wäre sie aus Papier, bis unter die Wasserlinie. Sofort schießt das Wasser in das Innere des Schiffes, überflutet den Maschinenraum. Das Bootsdeck wird eingedrückt und das auf der Seite stehende Rettungsboot zertrümmert. Der achtere Mast knickt ab, und die Funkantennen kommen herunter. Ein Chaos an Deck.

Langsam sinkt das Heck des Feuerschiffes tiefer. Schweren Herzens gibt Kapitän Krüger den Befehl, das Schiff zu verlassen. Zum Glück ist ruhiges Wetter, und keiner der Männer ist verletzt. Das heilgebliebene zweite Rettungsboot wird ausgesetzt, aber inzwischen sind vom Lotsenversetzdampfer Boote an der Unfallstelle erschienen und nehmen die von der Kollision gezeichneten Männer des Feuerschiffes auf. Kapitän Krüger aber bleibt mit dem Bootsmann an Bord. Sie schließen sämtliche wasserdichten Schotten. Erst dann begeben auch sie sich in Sicherheit auf den Lotsenversetzdampfer.

Doch die *Bürgermeister O'swald* sinkt nicht. Sie bleibt mit starker Schlagseite achterlastig schwimmfähig, so daß ein Teil der Crew wieder übersteigt. Der zur Hilfe gerufene Tonnenleger *Walter Köster* kommt längsseits. Bergungsschläuche werden übernommen und gewaltige Pumpen angesetzt, um den Wassereinbruch unter Kontrolle zu bekommen. Als das gelingt, atmen die Männer erleichtert auf. Nun kann der Anker geslipt werden. Im Schlepp geht es langsam aber sicher nach Cuxhaven.

Nachdem mit Hilfe von Tauchern eine riesige provisorische Abdichtung aus Stahlblech aufgebracht ist, kann das Schiff zwei Tage nach der Kollision so weit gelenzt werden, daß es auf das Slip der Müntzelwerft genommen werden kann. Die verantwortlichen Stellen überlegen ernsthaft, ob es noch Sinn hat, das Wrack wieder in Ordnung bringen zu lassen. Die Reparatur dauert bis Oktober und kostet 1,6 Millionen DM. Die Maschinenanlage kann nicht repariert werden. Sie wird durch einen neuen, um 150 PS stärkeren Motor von 650 PS der Firma MAN ersetzt. Im Rahmen der umfangreichen Werftarbeiten werden beide Masten verkürzt.

Die *Rio Caracarana* hat bei der Kollision nur geringen Schaden erlitten, kaum der Rede wert. Die Seeamtsverhandlung in Hamburg bringt keine Klärung. Die Widersprüche bleiben. Die eine Seite behauptet, keine Nebelsignale des Feuerschiffes gehört zu haben, während die Crew von *Elbe 1* bei der Aussage bleibt, daß die Nebelwarnanlage ununterbrochen in Betrieb gewesen ist. Das ist ein Phänomen, das keiner der Beteiligten und Experten erklären oder verstehen kann. Anders sieht es mit dem Radarbild aus: Die Radarbake des Feuerschiffes arbeitet auf einem 3-cm-Band und konnte somit auf dem schon viel zu nahe am Feuerschiff stehenden Frachter nicht mehr erfaßt werden, weil dessen Radargerät auf einer anderen Welle arbeitete.

Das Seeamt Hamburg bemüht sich zwar um eine Aufklärung, findet aber keinen Schuldigen. Es bemängelt jedoch, daß die *Rio Caracarana* die Fahrt fortgesetzt hat, ohne sich um das sinkende Feuerschiff zu kümmern. Mehr als ein Tadel kommt nicht zustande.

1970: 7. Oktober: Neue Position des Feuerschiffes: 54° 00′ 00″ N/08° 06′ 35″ E. Diese Position wird bis 1983 beibehalten.

7. November: Bei schwerer See wird ein Rettungsfloß außenbords gewaschen.

1971: 7. November: Bei gutem Wetter bricht aus unerklärlichen Gründen die Ankerkette. 200 m Kette und der Pilzanker gehen verloren. Das Ankergeschirr kann später durch den Tonnenleger *Konrad Meisel* geborgen werden.

17. November: Beide Rettungsflöße werden durch schwere Brecher außenbords gewaschen.

1973: 7. Dezember: Nach Kettenbruch vertreibt bei schwerem WNW-Sturm das Feuerschiff von seiner Position.

Der Untergang der Grete Hauschildt

Sieben Stunden lang kämpfen die sieben Besatzungsmitglieder des Küstenmotorschiffes *Grete Hauschildt* (424 BRT) im Orkan unweit von *Elbe 1* um ihr Leben. Drei werden in einer dramatischen Rettungsaktion lebend geborgen. Das Kümo ist mit einer Ladung Phosphat von Genf auf dem Weg nach Kiel. An Bord eine erfahrene Crew. Schon winkt das Feuerschiff mit seinem gelben Finger, der sichere Hafen ist nah. Um 19.30 Uhr spricht der Reeder noch mit dem Kapitän. Alles in Ordnung, sagt der, wir sind gleich in der Elbmündung. Zwanzig Minuten später funkt Kapitän Groß SOS. Schwere Brecher bei zehn Meter hohen Wellen haben die Lukenabdeckungen weggerissen. Wasser dringt in den Laderaum. Sofort beginnt eine aufwendige Rettungsaktion. Gebannt hocken die Männer auf Feuerschiff *Bürgermeister O'swald* auf der Brücke und verfolgen die dramatischen Stunden. Ständig gibt der Kapitän die Position der *Grete Hauschildt* durch, die manövrierunfähig in der schweren See treibt. Vier Hubschrauber der Bundeswehr, zwei Marineflieger aus Jever und Borkum sind im Einsatz. Die *Prinz Hamlet* hat die Fahrt nach England abgebrochen und beteiligt sich an der Rettungsaktion, ebenso der Tanker *Fernhafen.* Kurz vor Mitternacht erreicht die *Prinz Hamlet* den Havaristen. Über der *Grete Hauschildt* kreist ein Hubschrauber. Das Seil der Kabelwinde verfängt sich in ihren Masten und reißt. Von den Schiffen werden Rettungsinseln zu Wasser gelassen. Der Tanker versucht, Lee zu machen. Scheinwerfer erhellen die Unglücksstelle. Ein Mann der Besatzung hängt bereits in der Rettungsschlinge eines Hubschraubers. Da fällt er in die See zurück. 30 Minuten später werden drei türkische Besatzungsmitglieder von einem Hubschrauber aus einer Rettungsinsel geborgen. Der Schlepper *Atlas* birgt den Koch und einen Türken aus einer anderen Insel, doch sie sind tot.

Auf dem Feuerschiff geht keiner der Männer schlafen. Sie hocken da und horchen, bangen mit den an Bord verbliebenen Seeleuten. Draußen orgelt der Orkan, Schnee- und Regenschauer ziehen über die umgebrochene kalte See. Nicht weit von ihnen entfernt kämpfen ein paar Mann um ihr Leben. Gefaßt ist der Kapitän, seine letzten Worte gelten seiner Frau: »Ik kann mi nu nich mehr lange halten. Denn gröt man mine Fru, ik wohn hier in der Annenstraße in Cuxhaven.«

Das sind seine letzten Worte, dann bricht die Funkverbindung mit der *Grete Hauschildt* ab. Sieben Menschen kehren nicht heim, trotz siebenstündiger Rettungsaktion, unter ihnen der Kapitän.

21. Dezember: Das Feuerschiff *Bürgermeister O'swald* wird in eine Klasse des Germanischen Lloyds aufgenommen und erhält das Klassenzeichen 100 A 4 »Feuerschiff«.

1974: 8. November: *Bürgermeister O'swald* erhält ein von der Seeberufsgenossenschaft erteiltes Ausrüstungs- und Sicherheitszeugnis.

1976: Die Handruderanlage wird durch eine hydraulisch betriebene Ruderanlage ergänzt.

1978: Ab September beginnt die Verklappung von Klärschlamm aus dem Hamburger Klärwerk Köhlbrand nördlich der Feuerschiffsstation. Die Besatzung *Elbe 1*

hat die Aufgabe, die für das Einbringen des Klärschlammes vorgesehene Position zu kontrollieren.
1979: 8. März: Für die Sicherheit der Besatzung kommen 20 Schwimmanzüge (Kälteschutzanzüge) an Bord. Diese müssen bei schlechtem Wetter während der Decksarbeiten getragen werden.
27. März: Bei der routinemäßigen Ablösung der Besatzung fällt der Matrose Helmut Toll außenbords. Er kann sogleich gerettet werden. Aus einer Kopfwunde fließt Blut. Er ist grün im Gesicht nach dem Todesschreck. In Cuxhaven wird er von einem Krankenwagen erwartet. Den Kopf hatten die Kollegen bereits verbunden.
18. August: Ein Besatzungsmitglied stirbt an Bord infolge Herzversagen.
1982: 28. April: Die Besatzung des Feuerschiffes setzt ein Boot aus und birgt 2 Mann des nach einer Kollision sinkenden Fischkutters *Birgitt* (HF 556), 2,5 sm westlich der Feuerschiffsposition.
1. September: Die Funktelegrafie auf Mittelwelle wird eingestellt, gleichzeitig die Besatzung um die 3 Funker verringert. Der Funksprechverkehr auf UKW wird jetzt von der jeweiligen Brückenwache in bisheriger Form weitergeführt.
1983: Während der Werftliegezeit wird der A-förmige Achtermast entfernt und durch einen 11,5 m langen Antennenmast ersetzt. Neue Position: 54° 00′ 00″ N/ 08° 06′ 35″ E.
1984: 8. Dezember: Oberleutnant zur See Frank Peters überbringt den obligatorischen Weihnachtsbaum. Seit 1980 beschenkt das 4. Minensuchgeschwader (Wilhelmshaven) im Namen der Marine die Besatzung des Feuerschiffes als Dank für ihre nicht immer angenehme Arbeit. Kapitän Horst Schulz nimmt die Fichte dankend entgegen und heißt die Männer von der *Lindau* herzlich willkommen. Das Weihnachtsessen steht schon fest: Flugente mit Rotkohl.
1985: 15. Januar: Ein Besatzungsmitglied wird wegen Rippenbruch mit einem SAR-Hubschrauber von Bord geholt. Ein paar Tage später muß ein Matrose wegen akuter Erkrankung mit dem Seenotrettungskreuzer *Armed Emminghaus* an Land gebracht werden.
21. Dezember: Vergeblich versucht der Minensucher *Cuxhaven,* Bier, Rum und einen Weihnachtsbaum an Bord des Feuerschiffes zu bringen. Bei Windstärke 8 kann kein Schlauchboot mehr ausgesetzt werden. Kapitänleutnant Hagen ruft über Sprechfunk das Feuerschiff an und sagt: »Wir wollen Euch Weihnachtswünsche der Marine überbringen und hoffen auf gutes Wetter im nächsten Jahr. Frohes Fest.«
Zum ersten Mal verläßt das Feuerschiff *Elbe 1* für einige Stunden ohne Not die Station, um die Ablösung der Besatzung zu Weihnachten durchführen zu können. Dies geschieht einige Seemeilen weiter elbaufwärts bei der Leuchttonne 9.

Bordzeit auf Elbe 1

In seinem Tagebuch notiert Wilm Carsten folgenden Beitrag:
»Es mulmt mal wieder über der Nordsee. Das ist um diese Jahreszeit, im November und Dezember beinahe immer so. Schon während der Abendwache ist das Barometer noch weiter gefallen. Der letzte Seewetterbericht von Norddeich Radio kündigte von Westen her zwei Sturmtiefs sowie einen Tiefausläufer an. Alle drei ziehen langsam ostwärts.«
Gegen 21.00 Uhr hatte der Kapitän mit dem Maschinenraum telefoniert und vorsorglich die Antriebsanlage klarmachen lassen. Seit Stunden wummert der große Achtzylinder-Hauptdiesel. Langsam mahlt der Propeller und drückt das Feuerschiff mit der Kraft von fünfhundert Pferdestärken gegen die Sturmseen vorwärts, damit die Stationskette entlastet wird. Diese Ankerkette besteht aus vergütetem Manganstahl und ist 250 Meter lang.
Der Schreibstift des Barographen steht mittlerweile auf 974 Millibar. Dieser Luftdruck verspricht nichts Erfreuliches. Die hohe Back des Feuerschiffes hebt sich mal schräg, mal horizontal in den dunklen Himmel empor. Dröhnende metallische Schläge quittieren jeden Aufprall von Brechern. Gurgelnd schluckt das breite, wulstige Maul der mitten im Vorsteven untergebrachten Kettenklüse einzelne Seen, die dann bis zum Klüsenrohrdeckel emporbranden und den großen Ankerspillraum unter der Back überschwemmen. Jede Sturmnacht, in der Mitte zwischen den Nordergründen und dem Falschen Tief, zwischen Scharhörn und Helgoland, hat es in sich. Bei Orkan steht eine steile, gefährliche Grundsee über diesem Ankerplatz.
Jetzt stampft das Feuerschiff in langen, weichen Schwingungen, doch Kreuzseen vom gestrigen Nordwest verursachen rollende Bewegungen, so daß der Feuerturm unregelmäßig durch den Nachthimmel kreist. Er blinkt unermüdlich: fünf Sekunden weißer Schein, fünf Sekunden Pause, zehn Sekunden »Wiederkehr«, das ist die unverwechselbare Leuchtfeuerkennung für die Haustürlampe von Hamburg.
Mit jedem Aufblinken wirft das Leuchtfeuer einen Strahlendom über das Schiff, eine Glocke aus gleißender Helligkeit, von einzelnen Schattenstreifen durchzogen. Zugleich zaubert jedes Lichtintervall die verzerrte, zuckende Silhouette der Aufbauten auf die wabernden Seen. Wie silbriges Gespinst leuchten Rahen, Wanten, Stage und Antennenteile der Masten auf, sobald das Feuer mit einer Helligkeit von 60000 Hefnerkerzen aufblinkt und seinen Schein 21 Seemeilen weit über die See schickt.
Jetzt ist es drei Uhr morgens. Der Windmesser meldet Böen mit Windstärke 11. Die Positionslaternen passierender Schiffe torkeln und springen durch die Nacht. Allmählich kentert der Gezeitenstrom. Mit einsetzender Flut schleift das herumschwojende Feuerschiff seine dadurch stets blankgescheuerte, stählerne Stationskette im Kreisbogen herum und legt sich, mit dem Vorsteven beinahe elbaufwärts, auf den neuen Kurs. Feuerschiffe gehorchen in erster Linie der Strömung und erst in zweiter dem Wind. In der neuen Lage setzt ein fürchterliches

Schlingern ein. Volle sechs Stunden bekommt *Elbe 1* Sturm und Seen fast genau quer von der Seite. Wie der Zeiger eines riesigen Metronoms pendelt der Feuerturm von Backbord nach Steuerbord und zurück. Der Krängungsmesser meldet einen Ausschlag von 30 Grad nach jeder Seite. Tief unten in den Stabilitätstanks rauscht und bullert das Ballastwasser ohne Unterlaß. Zischend entweicht die dabei zusammengepreßte Luft durch Ausgleichsrohre auf die entgegengesetzte Seite.

Vierzehn Tage dauert jeweils eine »Reise« auf dem Feuerschiff, dann folgen vierzehn Tage an Land. Aber jede Reise ist im Herbst und Winter hart. Darum sagt man in Cuxhaven: »Jung, nimm dien' Mütz af – dor kummt een von't Füerschip!«

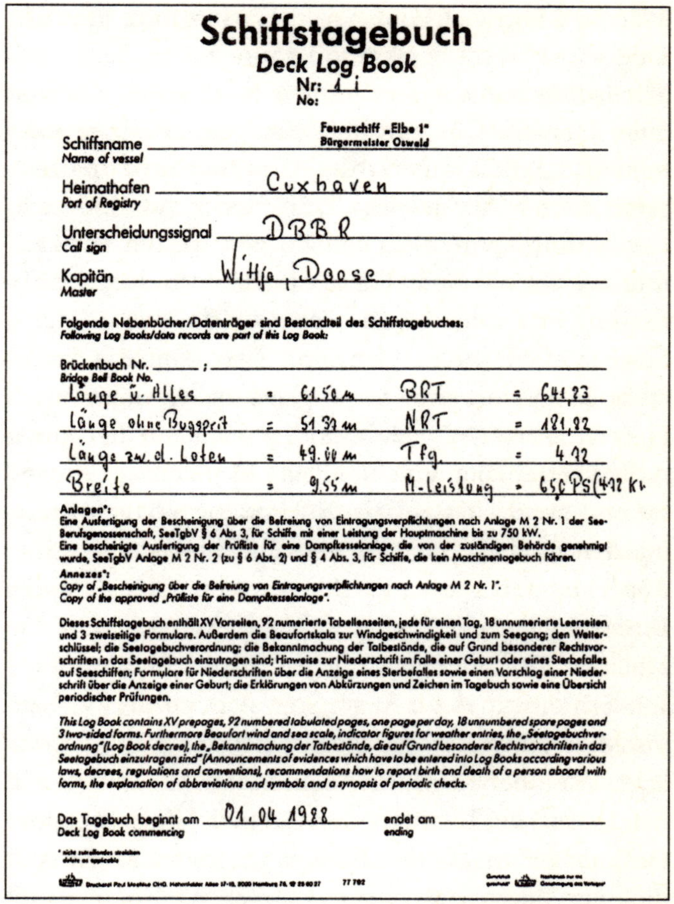

Schiffstagebuch
Deck Log Book
Nr: 1 i
No:

Schiffsname / Name of vessel: Feuerschiff „Elbe 1" Bürgermeister Oswald

Heimathafen / Port of Registry: Cuxhaven

Unterscheidungssignal / Call sign: DBBR

Kapitän / Master: Wittje, Doose

Folgende Nebenbücher/Datenträger sind Bestandteil des Schiffstagebuches:
Following Log Books/data records are part of this Log Book:

Brückenbuch Nr. ______ ;
Bridge Bell Book No.

Länge ü. Alles = 61.50 m BRT = 641,23
Länge ohne Bugspriet = 51.37 m NRT = 181,82
Länge zw. d. Loten = 49.00 m Tfg. = 4.72
Breite = 9.55 m M.-Leistung = 650 PS (472 kW)

Anlagen*:
Eine Ausfertigung der Bescheinigung über die Befreiung von Eintragungsverpflichtungen nach Anlage M 2 Nr. 1 der See-Berufsgenossenschaft, SeeTgbV § 6 Abs 3, für Schiffe mit einer Leistung der Hauptmaschine bis zu 750 kW.
Eine bescheinigte Ausfertigung der Prüfliste für eine Dampfkesselanlage, die von der zuständigen Behörde genehmigt wurde, SeeTgbV Anlage M 2 Nr. 2 (zu § 6 Abs. 2) und § 4 Abs. 3, für Schiffe, die kein Maschinentagebuch führen.

Annexes*:
Copy of „Bescheinigung über die Befreiung von Eintragungsverpflichtungen nach Anlage M 2 Nr. 1".
Copy of the approved „Prüfliste für eine Dampfkesselanlage".

Dieses Schiffstagebuch enthält XV Vorseiten, 92 numerierte Tabellenseiten, jede für einen Tag, 18 unnumerierte Leerseiten und 3 zweiseitige Formulare. Außerdem die Beaufortskala zur Windgeschwindigkeit und zum Seegang; den Wetterschlüssel; die Seetagebuchverordnung; die Bekanntmachung der Tatbestände, die auf Grund besonderer Rechtsvorschriften in das Seetagebuch einzutragen sind; Hinweise zur Niederschrift im Falle einer Geburt oder eines Sterbefalles auf Seeschiffen; Formulare für Niederschriften über die Anzeige eines Sterbefalles sowie einen Vorschlag einer Niederschrift über die Anzeige einer Geburt; die Erklärungen von Abkürzungen und Zeichen im Tagebuch sowie eine Übersicht periodischer Prüfungen.

This Log Book contains XV prepages, 92 numbered tabulated pages, one page per day, 18 unnumbered spare pages and 3 two-sided forms. Furthermore Beaufort wind and sea scale, indicator figures for weather entries, the „Seetagebuchverordnung" (Log Book decree), the „Bekanntmachung der Tatbestände, die auf Grund besonderer Rechtsvorschriften in das Seetagebuch einzutragen sind" (Announcements of evidences which have to be entered into Log Books according various laws, decrees, regulations and conventions), recommendations how to report birth and death of a person aboard with forms, the explanation of abbreviations and symbols and a synopsis of periodic checks.

Das Tagebuch beginnt am 01.04.1988 endet am ______
Deck Log Book commencing ending

* nicht zutreffendes streichen
delete as applicable

77 792

Deckblatt des Schiffstagebuchs des Feuerschiffes Bürgermeister O'swald.

Als wäre nichts geschehen . . .

1986: 19. Oktober: Ein typischer Herbsttag über der Deutschen Bucht beginnt mit strömendem Regen und Windstärke sieben. Die Sicht beträgt etwas mehr als eine Seemeile. Es ist kühl. Ein paar Minuten nach 6.00 Uhr gibt der wachhabende Matrose auf dem Feuerschiff *Elbe 1* Alarm: Schiff nähert sich auf Kollisionskurs. Sofort springt Kapitän Erich Wittje aus der Koje und eilt auf die Kommandobrücke, doch dem Schiffsführer eines verankerten Feuerschiffes bleibt wenig Spielraum für freies Handeln. Zwei Minuten später steht die gesamte Crew mit angelegten Schwimmwesten an Deck. Zwölf Männer blicken gebannt auf den immer größer werdenden Frachter. Eine Masse aus Eisen und Stahl bewegt sich auf sie zu, und sie können nichts machen als abwarten, und sei es auf ein Wunder.

Fünf Minuten später kracht es. Zum Glück für die Besatzung und das Schiff trifft der Steven des heranrauschenden Frachters das Feuerschiff nicht in der Seite, sondern drückt es zur Seite. So geht noch alles verhältnismäßig glimpflich ab. Keiner der Männer wird verletzt. Was aber Kapitän Wittje überhaupt nicht gefällt, ist, daß sich der Kapitän des anderen Schiffes nicht über Funk meldet und fragt, ob Hilfe benötigt wird. Er setzt die Reise fort, als wäre nichts geschehen, als wäre es auf der Elbe Usus, Feuerschiffe zu rammen.

Die erlittene Havarie ist so schwerwiegend, daß *Elbe 1* zur Reparatur nach Cuxhaven muß. Wegen des schlechten Wetters verläßt das Feuerschiff aber erst um 8.00 Uhr die Station.

Reparaturkosten 500000 DM.

Als ihr Kollisionsgegner in Brunsbüttel anlegt, um Treibstoff zu übernehmen, wartet bereits die Wasserschutzpolizei, um Protokolle aufzunehmen. Es ist der aus England kommende zypriotische Frachter *Capricorn* (12059 BRT). Bevor der koreanische Kapitän die Fahrt nach Rostock fortsetzen kann, muß er ein Bußgeld von 1350 Mark bezahlen.

29. Dezember: Erneut zwingt schlechtes Wetter das Feuerschiff, zur Ablösung der Besatzung zu Silvester die Station für einige Stunden zu verlassen. Auf der Neuwerk-Reede kann die Crew übersteigen.

Kann infolge schlechten Wetters eine Besatzung nicht abgelöst werden, muß sie bis zu 3 Tagen »übersetzen«, also länger an Bord bleiben. Zu Weihnachten und Neujahr wird der 14tägige Rhythmus durchbrochen, um jeweils einer Besatzung die Möglichkeit zu geben, an einem der beiden Feste zu Hause zu sein. Deshalb wird ausnahmsweise die Feuerschiffsposition kurzfristig verlassen.

1987: 26. August: Zum ersten Mal berichtet die Presse über die geplante Außerdienststellung von *Bürgermeister O'swald.* »Seefahrt-Romantik, ade«, schreibt Anne Petersen, und berichtet, daß Kapitän Klaus-Hermann Doose (53) traurig ist, von Bord gehen zu müssen. Die Seeleute hoffen, daß sie einen neuen Job finden. Kapitän Doose: »Museumsdirektor wird mit Sicherheit keiner von uns. Wir werden wohl auf andere Schiffe geschickt.«

Hein-Jürgen Pohl vom Wasser- und Schiffahrtsamt Cuxhaven: »Wir haben uns sehr um die *Elbe 1* bemüht.

Unbemanntes Feuerschiff Elbe

Bauwerft: Motoren-Werke Bremerhaven
Bautyp: Unbemanntes Feuerschiff (UFS)
Baukosten: 3,5 Mio. DM
Baujahr: 1987
Länge über alles: 26,00 m
Länge zwischen den Loten: 24,00 m
Breite auf Spanten: 6,50 m
Seitenhöhe: 4,00 m ohne Kiel
Tiefgang: 2,70 m ohne Kiel
Verdrängung: 177 t
Feuerhöhe: 12,0 m
Tragweite: 17 sm
Kennung: Gleichtakt 10 sek
Lichtquelle: 2000 Watt
Verankerung: 2,5 t schwerer Pilzanker
mit 220 m Kette, 34 mm Ø
Luft-Nebel-Schallsender (Nebelhorn):
Kennung EL.
Wiederkehr 31 sek
Funkfeuer: Kennung EL, Frequenz 308 kHz
Radarantwortbake:
Kennung 1 Strich, Wiederkehr 48 sek
Reichweite 6 bis 8 sm
Positionsüberwachung: Decca

Besondere Ausrüstung:
Turmanstrahlung. Unterkunftsraum für Schiffbrüchige. Seenotruf für Schiffbrüchige. Wassereinbruchüberwachung. Brandmeldeanlage. Brandlöschanlage. 2 Stromerzeugeraggregate, 1 Reserveleuchtfeuer.
Alle Anlagen werden von Cuxhaven per Funk überwacht.
Weiter sind eine große Anzahl von Meßinstrumenten des Deutschen Hydrographischen Institutes an Bord eingebaut, deren Meßergebnisse über Funk abgerufen werden.

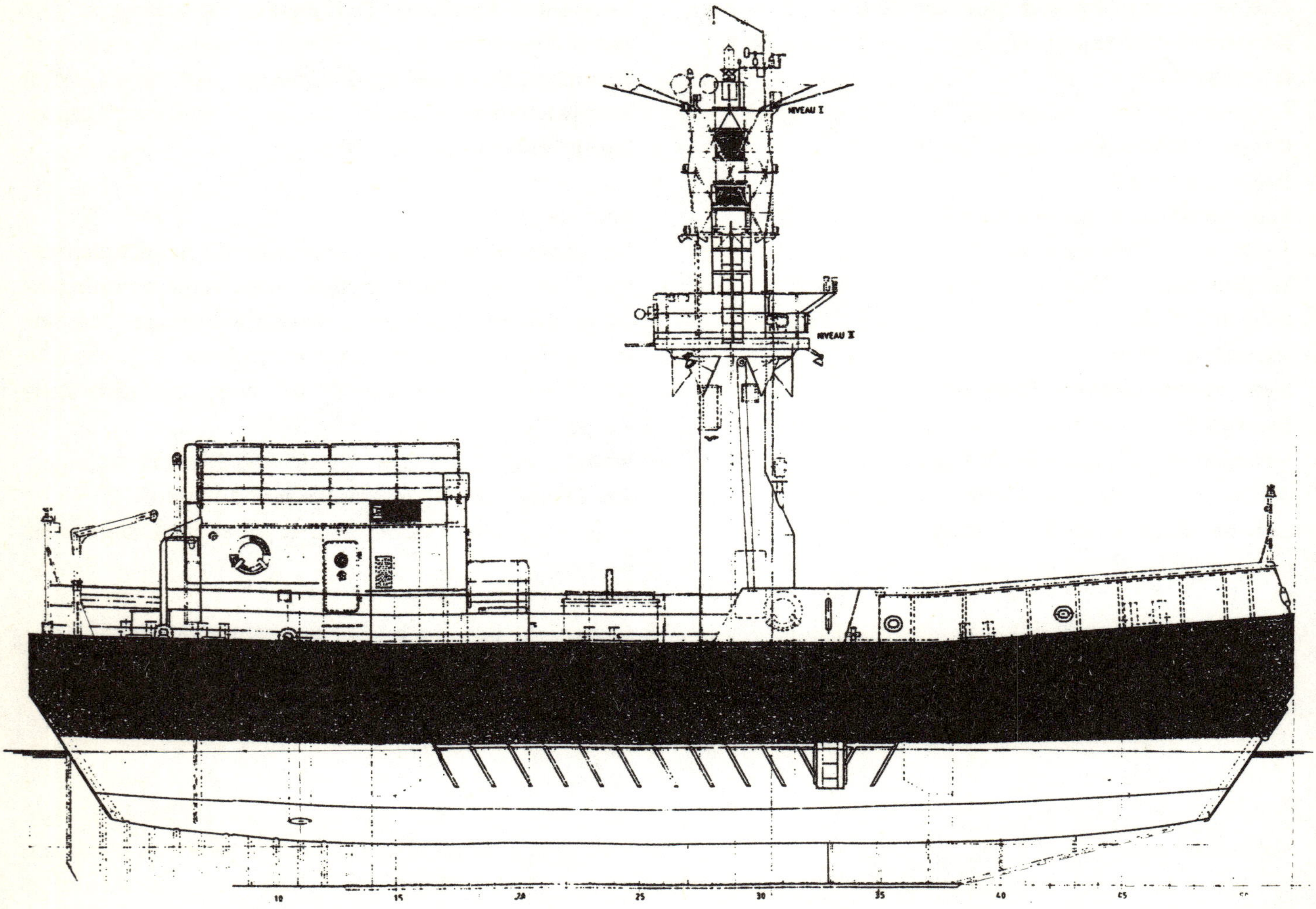

Unbemanntes Feuerschiff Elbe

Feuerschiffe
1731 wurde in England in der Themsemündung das erste »floating light« verankert. Es war Vorbild für die Elbefeuerschiffe.
Das erste deutsche Signalschiff ist 1815 im Bereich der Außeneider ausgelegt worden.

Feuerschiffsstationen auf der Elbe
Elbe 2 wurde erstmalig 1827 besetzt. Letztes Stammfeuerschiff dieser Position, *Bürgermeister Bartels,* wurde 1975 abgezogen und segelt heute umgebaut als Luxusyacht *Atlantis.*
Elbe 3 wurde erstmalig 1854 mit dem Leuchtschiff *Ernst* besetzt. Das letzte Stammfeuerschiff dieser Station, die *Weser,* liegt als Museumsschiff im Museumshafen Oevelgönne.
Elbe 4 wurde erstmalig 1875 nördlich der Kugelbake ausgelegt. Die Position wurde nach dem Ersten Weltkrieg aufgegeben.
Elbe 5: 1905 wurde als 5. Feuerschiff die zwischen dem 1. und 2. Feuerschiff verankerte Lotsengaliote in die Zahl der Feuerschiffe einbezogen. Ab 1891 war nahe der Ostemündung ein weiteres Feuerschiff verankert mit der Bezeichnung *Osteriff.*

Werft von Somm
Jacob Michael von Somm gründete vor 1800 die Somm'sche Werft auf dem Großen Grasbrook. 1803 übernahm Johann Hinrich von Somm die Werft und machte sie zu einer der bedeutendsten in Hamburg. Seit 1841 sind die Söhne Friedrich Heinrich und Johann Eduard Teilhaber, bis Godeffroys Werft, Reiherstieg, ihn abwirbt. Die Somm'sche Werft besteht bis nach 1860 und muß dann den Hafenerweiterungen weichen. Auf dieser Werft wurden zwei der Feuerschiffe für die äußerste Elbposition gebaut.

Rotfäule
Die Rotfäule in Fichten- und Kiefernholz wird von einem Pilz, dem Wurzelporling, verursacht. Er ist in den Nadelwäldern einer der häufigsten Baummörder. Etwa zehn Jahre nach der Infektion brechen tief im Stamm die konsolenförmigen Fruchtkörper durch und zersetzen das »tote« Kernholz.

Vermuren
In Gewässern mit wechselnder Strömung und beschränktem Raum ein Schiff zwischen zwei Anker legen. Auf diese Weise kann das Schiff mit sehr kleinem Drehkreis zwischen den beiden Ankern frei schwojen.

Fresnel-Linse
Linsentyp für Sammellinsen mit großem Öffnungsverhältnis. Sie besteht aus einer zentralen gewöhnlichen dünnen Linse und nach außen anschließenden, etwa gleich starken ringförmigen Zonen, deren Krümmungsradien so gewählt sind, daß die Brennpunkte aller Zonen zusammenfallen. Die inneren Zonen wirken brechend, und die äußeren Zonen werden zur Steigerung des Öffnungsverhältnisses reflektierend ausgeführt.

Alle vom Brennpunkt ausgehenden Strahlen bis zur Höhe der obersten Zone werden parallel gerichtet, so daß der Lichtstrom voll ausgenutzt werden kann. Der stufenförmige Aufbau führt gegenüber einer großen, dicken Linse zu einer erheblichen Gewichtsverminderung. Läßt man eine durch den Brennpunkt gehende und auf der optischen Achse senkrecht stehende Achse rotieren, so erhält man eine Gürtellinse, jene Linse, die vorwiegend für Feuerschiffe verwandt wurde.

Quellenverzeichnis

Fritz Brustal-Naval: Lichter über dem Meer. Eberhard Brockhaus, Wiesbaden, 1950

Ingenieur Max Buchwald: Prometheus. Oktober 1909

Wilm Carsten: Köhlers Flottenkalender 1975

Ferber: Die Entwicklung des Hamburger Tonnen-, Baken- und Leuchtfeuerwesens. Zeitschrift für Hamburgische Geschichte, 1914

Dipl.-Ing. P. Gräbeler: Die Befeuerung und Betonnung der Elbe durch Hamburg. Hafenbautechnische Gesellschaft, Jahrbuch 1927

Dipl.-Ing. L. Graemer: Schiffbau 1912

HANSA-Zentralorgan für Schiffahrt · Schiffbau · Hafen

Hamburger Staatsarchiv. Akten aus verschiedenen Deputationen und Kämmereiabrechnungen, Nachrichten für Seefahrer, Kriegsnachrichten für Seefahrer, Wasser- und Schiffahrtsamt Cuxhaven

Franz Judaschke: Schiffbau 1940

Karl B. Kühne: Seelotsen, Chronik der Seefahrt, by Egon Heinemann, Hamburg 1975

Leuchtfeuerverzeichnisse des Deutschen Hydrographischen Instituts

Regierungsdirektor Meisel und Franke: Schiff und Hafen, 1949

Richard Peters: Die Kriegsmarine 1/1939

Th. F. Siersdorfer: Wächter im Strom, Verlag Karl-Heinz Butzinger, 1975

Zeitungen: Hamburger Abendblatt, Die Welt, Hamburger Morgenpost, Hamburger Echo, Hamburger Anzeiger, Cuxhavener Zeitung, Hamburger Tageblatt, Cuxhavener Tageblatt, Deutsche Allgemeine Zeitung